GÜTERSLOHER
VERLAGSHAUS

Gütersloher Verlagshaus. Dem Leben vertrauen

Abt Benedikt Maria Lindemann OSB

Freiheit, die ich meine
Einsichten eines Mönchs aus Jerusalem

in Zusammenarbeit mit Georg Schwikart
Mit einem Vorwort von Notker Wolf OSB

Gütersloher Verlagshaus

Bibliografische Information der Deutschen Nationalbibliothek
Die Deutsche Nationalbibliothek verzeichnet diese Publikation in der
Deutschen Nationalbibliografie; detaillierte bibliografische Daten
sind im Internet über http://dnb.d-nb.de abrufbar.

Mix
Produktgruppe aus vorbildlich bewirtschafteten
Wäldern und anderen kontrollierten Herkünften
www.fsc.org Zert.-Nr. GFA-COC-1278
© 1996 Forest Stewardship Council
FSC

Verlagsgruppe Random House FSC-DEU-0100
Das für dieses Buch verwendete FSC-zertifizierte Papier *Munken Pure*
liefert Arctic Paper Munkedals AB, Schweden

1. Auflage
Copyright © 2009 by Gütersloher Verlagshaus, Gütersloh,
in der Verlagsgruppe Random House GmbH, München

Umschlaggestaltung: Verlag
Umschlagmotiv: Dormitio-Basilika, Jerusalem
Druck und Einband: CPI - Ebner & Spiegel, Ulm
Printed in Germany
ISBN 978-3-579-06484-0

www.gtvh.de

Inhaltsverzeichnis

KAPITEL I

»Wer bist du, Gott? Und wer bin ich?«
Das Reifen einer Persönlichkeit –
Suche nach der Berufung

Kapitel II

»Ich bin ins Kloster gegangen, weil ich glücklich werden wollte!«

Mönch werden, Mönch bleiben –
Erste Schritte auf dem Weg
in ein alternatives Leben

Kapitel III

»Herr und Diener dieses Tempels«

Was es bedeutet, ein Abt zu sein –
zu Hause an einem besonderen Ort

KAPITEL IV

»Die Welt schwappt auch ins Kloster!«

Vom Segen eines bewussten Rückzugs –
Der Heilige Benedikt
als Lehrmeister für heute

KAPITEL V

»Der Egoismus bindet dich, er entwickelt dich nicht!«

Was wichtig und wertvoll ist –
Vom Glauben getragen im Leben und Sterben

Willkommen und Schalom!

Karwoche 2008: In Jerusalem sind die Sicherheitsvorkehrungen besonders intensiv, denn die deutsche Bundeskanzlerin Angela Merkel ist auf Staatsbesuch in Israel. Vor dem Parlament, der Knesset, wird sie eine viel beachtete Rede halten. Zuvor führt sie allerhand Gespräche in der heiligen Stadt. Ein Termin ist für das Kloster auf dem Zionsberg reserviert. Bei den deutschsprachigen Benediktinern der Dormitio-Abtei erfährt sie eine Sichtweise der Nahost-Problematik, die Politiker und Diplomaten mitunter so nicht im Blick haben.

Angela Merkels Gastgeber ist Abt Benedikt Lindemann. Doch für ihn ist der prominente Gast nur einer von vielen. In der Karwoche wird sein Kloster von ungezählten Pilgergruppen aufgesucht. Das Programm der Liturgie, an dem Hunderte von Gläubigen teilnehmen, ist noch umfangreicher als sonst. Und dennoch hält sich der Abt einige Stunden frei, um mit mir ausführliche Gespräche führen zu können, und um mir als Besucher aus der »Welt draußen« sein Leben und seine Botschaft anschaulich vor Augen zu führen.

Ich habe Abt Benedikt in diesen langen Gesprächen – zumeist bei aromatischem Salbei-Tee – als weltoffenen und zugleich höchst spirituell gesammelten Menschen erleben dürfen. In der freien Unterhaltung antwortet er spontan und humorvoll, nimmt sich aber auch Zeit zum Nachdenken; er weicht nicht aus und zeigt, dass er den Tatsachen des Lebens und Glaubens ehrlich begegnet. Dieses Buch dokumentiert die fünf Interviews, dazu viele Passagen aus Ansprachen, Meditationen und Predigten von Abt Benedikt. Im schriftlich fixierten Wort zeigt sich der Seelsorger und erfahrene Kirchenmann in einem heilsamen Sinne »fromm«, nämlich ganz in Glaube und Tradition seiner Kirche verwurzelt, aber dabei aufgeschlossen und mutig, wenn er etwa die Erkenntnisse der modernen Psychologie selbstverständlich reflektiert und christlich deutet.

Abt Benedikt – ein authentischer Mensch, einer, der eins ist mit sich, ein Suchender, der gefunden hat und trotzdem Suchender bleibt: ein Gast nur auf Erden. Er lebt ganz aus seinem Glauben heraus, aus der tiefen Überzeugung, dass Gott sich den Menschen liebevoll zuneigt und Gottes Liebe größer ist und höher steht als alles andere. Dieses Vertrauen trägt ihn in seinem manchmal schwierigen Amt in bewegter Zeit an einem außergewöhnlichen Ort.

Abt Benedikt spricht als ein Mönch; dass er gerade als einer, der sich um ein »alternatives« Leben bemüht, allen Leserinnen und Lesern ein Wort mitgeben kann, das stärkt, ermutigt und tröstet – davon zeigt sich der Mitautor dieses Buches überzeugt. Möge ein Funke seiner Botschaft, seiner Glaubwürdigkeit und seines gelebten Glaubens auf Sie, liebe Leserin und lieber Leser, überspringen und Sie in Ihrer eigenen Spiritualität unterstützen!

Im Januar 2009
Georg Schwikart

Ein Vorwort von Notker Wolf OSB

Biographien sind spannend. Sie werden mit Neugier gelesen. Man möchte Zeithistorisches verstehen oder einfach etwas aus dem Leben bekannter Menschen erfahren.

Hier erwartet den Leser auch eine Art Autobiographie, zusammengestellt aus Fragen eines Publizisten und Antworten von Abt Benedikt M. Lindemann, Reflexionen über sein Verständnis von benediktinischem Leben auf dem Zionsberg und Verstehenshilfen zur Situation von Jerusalem und der Abtei Dormitio.

Diese Biographie hat etwas Besonderes. Es geht um das Werden und Wachsen eines Menschen zu seiner Person, die nie fertig ist, sondern Ausschau hält in die Zukunft, getragen von der Hoffnung auf einen Gott, der unser Leben gestalten möchte. Dieser Gott will uns in seiner Liebe immer mehr von uns selbst befreien, damit wir zu unserem wahren Selbst gelangen, zu seinem Ebenbild. Es ist der Weg eines jeden Christen, der Weg auch eines Mönchs. Und ein Abt bleibt zeitlebens Mönch, ein Gott-Sucher. Das macht die besondere Berufung eines Benediktiners aus.

Wir werden von Abt Benedikt M. Lindemann mitgenommen auf seinem Weg von seiner Kindheit bis hin zum Abt, zum Mönch und Abt, der er heute ist, in der vielschichtigen Situation der viel geplagten Stadt Jerusalem, eines exponierten Klosters auf dem Zionsberg – exponiert nicht nur im geographischen Sinne; denn viele Pilger ziehen an die Stätte des »Heimgangs Mariens« und auch an den Ort der Brotvermehrung in Tabgha am See Genezareth. Er ist ebenfalls den Benediktinern von Jerusalem anvertraut. Es sind Orte der Hoffnung, des Trostes, der Nähe Gottes. Ein Mann wird von Gott auf den Weg geschickt, um mit seinen Brüdern Zeugnis zu geben von Gottes barmherziger Liebe zu uns Menschen, von seiner Güte und Menschenfreundlichkeit. Es ist eine Berufung, Frieden zu stiften, nicht nur mit sich selbst und den Brüdern, sondern darüber selbst zum Frieden zu werden für andere. Erst die Einheit mit Gott kann den wahren Frieden schenken, einen Frieden, der mehr ist als ein Ruhen der Waffen. Es ist die Liebe, die Menschen zusammenführt und eine Versöhnung untereinander bewirkt. Die Abtei hat schon viel auf diesem Wege getan. Abt Benedikt hegt die Hoffnung, dass das »Beit Benedikt« zu einer wahren Akademie für den Frieden wird, bescheiden und doch wirksam. Ist es eine Illusion, dass ein Kloster einen echten Beitrag zum Frieden leisten kann? Abt Benedikt weiß um die begrenzten Möglichkeiten. Doch Benediktinerklöster waren immer schon in Zeiten der politischen Unruhen Orte, von denen neuer Friede ausstrahlte. Die stabilitas loci, die Treue zum Volk, in dem wir leben, schenkt auch vielen Mitbürgern die Hoffnung auf die Treue Gottes und seine Gnade des Friedens.

Dieses Buch ist nicht einfach eine Biographie eines Mannes, der uns an seiner Gottsuche teilhaben lässt. Es wird zu einem Wegweiser für Christen unserer Zeit. Lassen wir uns auf diesen Weg mitnehmen, einen nicht immer bequemen Weg. Aber Gott führt uns hinaus in die Freiheit. Aus dieser Hoffnung lebt Abt Benedikt, aus dieser Hoffnung lebt das Buch, aus dieser Hoffnung dürfen auch wir leben.

Neujahr, am Welttag des Friedens 2009
Notker Wolf OSB, Abtprimas der Benediktiner

KAPITEL I

»Wer bist du, Gott?
Und wer bin ich?«

Das Reifen einer Persönlichkeit –
Suche nach der Berufung in Kindheit und Jugend

DAS ERSTE GESPRÄCH

Georg Schwikart: *Lieber Abt Benedikt, man wird ja nicht als Abt geboren. Ich bitte Sie, uns Ihre Berufungsgeschichte zu erzählen. Sie kamen als Gerhard Lindemann zur Welt. Wie ist Ihr Weg verlaufen, dass Sie einmal Mönch werden sollten?*

Abt Benedikt: Oh je, da muss ich ja wirklich ganz vorn anfangen! Also, ich bin das jüngste von vier Kindern, habe noch zwei Schwestern, einen Bruder. Ich war immer etwas langsamer als andere, bin mit sieben eingeschult worden, hatte eine Hasenscharte und war überhaupt ein schmächtiges Bürschchen. Mein Vater war kaufmännischer Angestellter, meine Mutter Hausfrau.

Können Sie sich noch an eine frühe Erfahrung erinnern, als Gott in Ihr Leben trat – kann man das so ausdrücken?

Ja, sicher. Wenn wir beim Bauern Milch holten, liefen wir mit der Kanne in der Hand an der Kirche entlang, dann sind wir mal schnell reingegangen: Dieses Umfangenwerden! Die Bilder! Vor allem diese Stille, die mir etwas sagte. Etwas, das ich nicht benennen konnte: Vielleicht war das etwas wie ein heiliger Schauer.
Im Raum der Kirche habe ich mich bewusst verhalten; da kann man nicht einfach rumlaufen – das war keine Erziehungssache, nicht irgendwie eingebläut. Ich spürte eine Präsenz, vor der man sich ehrfurchtsvoll benimmt. Dieses Lauschen! Dieses Hören, die Kindersorgen mal so ablassen …

Natürlich. Mein Hingezogenfühlen zur Kirche wurde unterstützt vom damaligen Pfarrer, der gerne seinen Hund mit in den Kommunionunterricht brachte und Quizfragen stellte: Gotteslob Nummer 257 – und schon schnellten die Kinderhände hoch – …

… »Großer Gott, wir loben dich«? …

Richtig, einen Punkt! – In meiner Kindheit war es noch üblich, die geprägten Zeiten zu begehen, um den Adventskranz zu sitzen oder das Fastenöpferchen zu bringen, und das hatte schon eine Ernsthaftigkeit, einen gewissen Ansporn. Ich bin dankbar, dass wir so geprägt und gefordert wurden.

Anfang der sechziger Jahre, die Eltern hatten das Haus gebaut, da war kein Urlaub möglich, da wurde man zu Oma und Opa ein paar Dörfer weiter geschickt. Und dennoch war es schön. Wenn wir zum Beispiel immer wieder zu dem kleinen Wallfahrtsort Kohlhagen gepilgert sind. Ich erinnere mich noch, wie ich mit meiner Mutter und meiner Tante einmal da war. Da predigte dann ein kleiner Franziskanerpater, der kaum mit seinen dicken Fingern über die Kanzel greifen konnte. Wir haben einfach nur lachen müssen, was meinen Vater sehr verärgert hat.

Ich war nie ein Kind von Traurigkeit. Einmal hat sich der Pastor während der Wandlung am Hochaltar umgedreht, was musste ich da lachen! Da habe ich natürlich zu Hause Ärger bekommen. Aber, was soll ich sagen, der liebe Gott ist irgendwie mein Freund!

Die Schule hat mir ganz schön zugesetzt, ich habe auch eine Ehren-runde gedreht. Na ja, ich war nie ein besonders begeisterter Schul-gänger, aber der Weg von zu Hause zur Schule hin über eine große Wiese, über einen Elefantenpfad – dieses Bild, wie ich als glückliches Kind durch diese Sommerwiese laufe, das ist etwas Tolles! Ansonsten hatte ich Schwierigkeiten mit der Schule und den Lehrern; ein paar gute gab's, für die ich dankbar bin.

Und das Verhältnis zur Kirche blieb ungetrübt während der Pubertät?

Von wegen. Bei der Firmung war mir unheimlich schlecht, ich musste mich übergeben. Ich durfte den Bischofsstab halten, musste aber so lange stehen, dazu der viele Weihrauch, da bin ich zu Frau Droste in die Sakristei gelaufen, die hat mir den Kopf gehalten.
Einmal ist mir bei der Beichte der Pfarrer im Beichtstuhl eingeschlafen.

Waren Ihre Sünden so langweilig?

Wahrscheinlich! Draußen warteten die Leute, und ich traute mich nichts mehr zu sagen. Bis ich mich dann irgendwann geräuspert habe, dann wachte der arme Mann auf, und ich musste alles noch einmal sagen. Wie ich dann fertig war und den Beichtstuhl verließ, blickten hundert Augenpaare auf mich, ich bekam einen knallroten Kopf. Da dachte ich mir: Schluss! Da war etwas passiert. Ich wollte von Religion nichts mehr wissen.
Danach bin ich noch weiter in die Kirche gegangen, weil es sich so gehörte. Aber bei dieser einen Beichte ist etwas zerbrochen; ich fühlte mich nicht ernst genommen. Als Schüler habe ich später Religion als Fach abgewählt. Das schien mir alles zu oberflächlich. Da wurden so viele andere Religionen durchgenommen, und ich fragte mich: Und du? Was glaubst du? – Aus praktischen Gründen, um ein paar Punkte fürs Abitur zu sammeln, habe ich dann doch wieder Religion genommen …

Zunächst einmal kam es für mich einer Offenbarung gleich, den Führerschein bestanden zu haben, weil ich doch so ein unpraktischer Mensch bin! Nach dem Abitur kam die Bundeswehr. Das war eine Krisenzeit. Ich fühlte mich dort gut behandelt, aber der erste Schießbefehl! Das war ein Aha-Erlebnis. Wir mussten uns auf den Boden legen und auf Pappkameraden schießen. Und da habe ich mir gedacht: Nein, da machst du nicht mit, da wird dir jetzt das Töten beigebracht. Ich hatte aber Furcht vor dem Spieß hinter mir, habe also geschossen – und das hat Spaß gemacht! Aber als ich dann wieder aufstand, da ging's mir nur noch dreckig. Da war irgendwas passiert.

Ich habe mich dann immer gedrückt vor dem nächsten Schießen, irgendwann konnte ich das nicht mehr, und dann habe ich verweigert. Und zwar aus christlichen und moralischen Gründen, was das auch immer heißen sollte. Damals musste man ja noch vor ein Tribunal treten. Da habe ich mich auf einen absoluten Pazifismus berufen, der wurde mir selbst schon unheimlich, und ich spürte: Du lügst hier einfach. Und dann war das ganz nett: In der Pause kam der Vorsitzende zu mir uns sagte, das halten Sie nicht durch. Ich bedankte mich, und dann gab ich doch zu, dass ich mich im allergrößten Notfall verteidigen würde, das war ehrlicher.

Zumindest habe ich damals wieder zur Bibel gegriffen. Ich suchte den friedfertigen Jesus. Kurzum, ich machte in einem Krankenhaus in Paderborn Zivildienst. Das katholische Krankenhaus wollte keine Zivis mehr, also ging ich ins evangelische, ich arbeitete in der Verwaltung, nicht in der Pflege. Dort suchte ich auf einmal wieder den stillen Raum. Ich kann nicht mehr erklären, wie es dazu kam. Vielleicht eine Art Erinnerung.

Die Krypta im Paderborner Dom wurde mein Ort. Ich kann die Bank noch zeigen, wo ich immer gesessen habe, die dritte Bank von hinten auf der linken Seite, das war mein Platz – wie im Dorf, da hat jeder seinen Stammplatz. Und wehe, da kniet ein anderer! Der Mensch braucht seinen Platz. Und auch im Gebet braucht er seinen Ort.

Und in dieser Bank kniend reifte der Entschluss,
Priester zu werden?

Langsam! Ursprünglich wollte ich Geschichte und Theologie studieren, dann habe ich aber durch Zufall – es gibt ja keine Zufälle – ein paar Diakone auf der Straße getroffen, die kamen von irgendeiner Fete. Einen von denen habe ich angesprochen, der hat mich dann einmal ins Priesterseminar eingeladen, und den habe ich ganz vorsichtig gefragt, ob das denn wohl auch was für mich wäre.

Das war eine Krisenzeit für mich. Jeden Abend in die Kneipe gegangen. Und dann der Gedanke, Priester zu werden. Eine innere Stimme sagte: Bleib doch vernünftig, du kannst doch heiraten und das Haus erben. Ich war 22 Jahre alt, spürte jedoch: da stimmt was nicht. Es war eine Zerreißprobe. Und dann hatte ich irgendwann entschieden: Ich probier es aus, ich spring da rein – und dann ging's mir besser, als ich das entschieden hatte. Endlich!

Was hat Ihre Familie dazu gesagt?
Hat die sich gefreut?

Ich bin an einem Samstag nach Hause gefahren vom Zivildienst. Sonntags beim Spülen – Vater hatte sich schon zurückgezogen zum Mittagsschläfchen –, Mutter, meine Schwester und ich stehen beim Spülen, da erzähle ich dann so nebenbei, also ich habe meine Pläne verändert, ich will – Priester werden.
Zwei heisere Schreie! Das Trockentuch auf die Heizung geworfen. Meine Schwester sofort raus. Die Mutter, ängstlich besorgt um den Jüngsten, fragt: Ja, meinste denn, dass du das auch schaffst? Da musst du ja auch predigen. Sie ist dann raufgelaufen zum Vater: Überleg dir mal, unser Gerhard!

Aber der junge Mann hat es dann gewagt …

In Paderborn begann ich zu studieren. Da war mir eins zu einer vordringlichen inneren Frage geworden: Wie spreche ich überhaupt mit diesem Gott? Wer bist du? Jesus, Gott Vater, Heiliger Geist – alles durcheinander? Und die Mutter Gottes war da auch noch. Einen Rosenkranz zu beten war nicht meine Sache gewesen, obwohl ich immer eine tiefe Beziehung zur Muttergottes hatte.
Da bin ich immer tiefer in diese Frage hineingekommen, und das

Studium konnte sie mir nicht beantworten: Wer bist du, Gott? Das war ja die Frage, die sich mir schon als Jugendlicher gestellt hatte. Im Theologiestudium wurde mein Glaube aus der Kindheit dann regelrecht kaputtgemacht. Vieles wurde in Frage gestellt, so dass die nächste Krise vorprogrammiert war. Ich lenkte mich ab. Abends meine Streifzüge durch Paderborns Kneipen, morgens schön diszipliniert um sieben fromm in der Kirche – aber da spürte ich schnell: Das hältst du nicht durch. Wieder eine dicke Krise!

Konnte Ihnen denn jemand beistehen und raten?
Oder blieben Sie ganz allein?

Ich bin dann zum damaligen Präfekten des Theologenkonvikts gegangen, dem heutigen Osnabrücker Bischof Bode, und er riet mir, doch mal zu den Benediktinern zu gehen, um Exerzitien zu machen. Und dann bin ich nach Gerleve gefahren, in die Einsamkeit. Damals spürte ich, kurz vor Weihnachten 1981: Es liegt nicht an irgendwelchen bösen Anderen, die mir nicht helfen oder so. Sondern: Wenn ich nicht konsequent meinen Weg gehe, meinen ganz persönlichen Weg, dann klappt das nicht.
Bis heute habe ich Schwierigkeiten, wenn so Idealbilder von Priestern gemalt werden. Ich hielt einmal Exerzitien in einem Priesterseminar. Man erwartete die Definition eines modernen Priesterbildes von mir. Das verweigerte ich. Für die einen male ich ein Ideal, so dass es ihnen zu lasch vorkommt; für die anderen lege ich die Latte so hoch, dass sie die nie überspringen können, und die mache ich damit kaputt. Wenn Gott ruft, dann ruft er sicherlich ganz persönlich. Es gibt auch objektive Kriterien. Aber in erster Linie geht es doch um eine Bezie-

hung: Wer bist du und wer bin ich? Wer bist du für mich und wer bin ich für dich? Und wenn man von dieser Frage abweicht, dann hat man den roten Faden verloren. Ich bin davon überzeugt, dass viele Krisen – Berufungskrisen – damit zusammenhängen, dass die entscheidenden Fragen nach der Gottes- und Christusbeziehung nicht mehr in dieser Eindeutigkeit gestellt werden. Die Sorgen des Alltags überlagern alles.

Damals gab es ja diese »Super-Priesteramtskandidaten« …

… die gibt es heute noch …

Sicut erat in principio … *[»Wie im Anfang«; Anspielung auf die liturgische Formel, die fortfährt: »so auch jetzt und alle Zeit und in Ewigkeit«; G.S.]* Ich gehörte eben nicht dazu. Ich hatte meine persönlichen Fragen. Es gab andere Studenten, die gegangen sind, und deren Mut habe ich damals bewundert, denn ich spürte: Das ist richtig für sie. Aber was ist mit mir?

Da war ja noch Ihre Frage aller Fragen …

»Wer bist du und wer bin ich?« Auf einmal war mir klar, wenn ich diese Frage aufrichtig stelle, dann werde ich geführt. Aber nur, wenn ich an dieser Frage bleibe – an dieser Beziehung! Glaube ist Beziehung. Dann macht es nichts, wenn du nach links oder rechts wankst, das ist dann egal. Aber in dieser Frage treu bleiben, und nicht in den Prinzipien treu bleiben. Das ist irgendwie tief in mir geblieben, und das erleichtert auch.

»Mein Joch ist milde«, sagt Jesus. Aber dann kommen welche mit ihrer schrecklichen Moral, mit der man Menschen auch kaputt-machen kann. Wenn diese Moral zum Maß gemacht wird für den Glauben: Da stimmt was nicht! Da hat sich die Kirche versündigt, an ihren eigenen Leuten!

Darf ich den Faden mit den Benediktinern noch einmal aufnehmen: Was hat die Begegnung mit dem Kloster Gerleve bei Ihnen bewirkt?

Im Omnibus zurück von Gerleve ins Sauerland … wie soll man das beschreiben, das klingt wahrscheinlich komisch. Also, im Omnibus, draußen Schneematsch, irgendwo vor Münster wurde in einem Dörf-chen die Straße aufgerissen und Leitungen verlegt, eine Bauampel rechts, links eine Scheune mit grünem Tor – da machte es bei mir Klick, und ich wusste: Benediktiner! – Ich war in einem solchen Frie-den, und es war so viel Licht da, das war eine Berufung, von der ich heute noch lebe. Das war ein Alpha und Omega. Und ich weiß: Selbst wenn ich morgen heiraten würde – ich bin Benediktiner! Das war der Moment, in dem die Frage: Wer bist du, Gott, und wer bin ich, einfach »wahr« war.

Danach haben Sie nie wieder an dieser Berufung gezweifelt?

Wo denken Sie hin? Danach schlotterten mir doch wieder die Knie. Du und Kloster? Abwegig, dachte ich mir. Ich erzählte das einem Freund, der fand das aber gar nicht so abwegig. Und dann kam ich nach Hause, fast die gleiche Konstellation wie zuvor, als ich meiner Familie kundtat, dass ich Priester werden wollte.

Diesmal also teile ich den Eltern mit, dass ich ins Kloster gehen will. Die stöhnen auf: »Um Gottes willen!« – Da hatten die sich doch bereits ausgemalt: der Junge wird Pastor, die Eltern ziehen zu ihm und machen den Haushalt; wunderbar! Und jetzt, alles für die Katz, die ganze Zukunftsplanung über den Haufen geworfen.

Aber dann habe ich wirklich Nägel mit Köpfen gemacht. Dann dachte ich: Wie machst du das denn jetzt? Klapperst du jetzt eine Reihe von Klöstern ab? In Paderborn gab es ein paar Mitstudenten, die schimpften über die Abtei Meschede, die rümpften die Nase, dort sei so ein moderner Abt.

Und da haben Sie sich gedacht: Wenn die das kritisch sehen, dann kann es nicht so schlecht sein?

Ich habe gar nicht mehr weitergesucht und bin da hin. Da war für mich klar: Meschede. Es hätte auch Honolulu sein können, aber es war dann zufällig Meschede. – Auch dort gab es einige Krisen; da hatte ich während der Noviziatszeit ein paar Mal die Koffer in der

Hand, weil ich gehen wollte, aber die Klarheit, Benediktiner zu werden, blieb.

Dort haben Sie auch den Ordensnamen Benedikt angenommen.

Ja, den durfte ich mir selbst aussuchen. Nach der Aufnahme kommt ein Mitbruder zu mir und sagt: Da hast du dir aber einen Namen ausgesucht! Der Letzte mit diesem Namen ist vor ein paar Monaten gegangen, herzlichen Glückwunsch. Toller Anfang! – Mir ging es bei der Namenswahl gar nicht so sehr um den Heiligen Benedikt, sondern um die Bedeutung seines Namens. Benedicere – ein Segen sollst du sein! Benedikt, der den Segen empfängt, der Gesegnete, um zu segnen. Das spüre ich bis heute als meine Berufung!

Und diese Berufung speist sich aus ihrer Spiritualität …

… die mehrere Quellen hat. Im Kloster habe ich dann gespürt: Chorgebet ist ja ganz gut und schön, aber irgendwie reichte mir das nicht. Die Stille hat mich immer wieder angezogen. Ich wollte einen Kurs besuchen über das Jesusgebet bei einem Jesuitenpater, da gab es unwillige Retourkutschen von Mitbrüdern, ob denn die benediktinische Spiritualität nicht reichen würde? Nach dem Motto: Was soll das denn, jetzt auch noch zu den Jesuiten gehen.
Aber da habe ich meinen geistlichen Weg gefunden. Meine erste Seminararbeit im Studium schrieb ich über das Jesusgebet. Das wurde meine Spiritualität. In der Stille eine Beziehung aufbauen. Das ist neben der offiziellen Liturgie der persönliche innere Weg.

25

Ein Fremder auf dieser Welt

Ich bin ein Fremder in dieser Welt, hinausgeworfen aus der Heimat, dem Paradies. Auf Gedeih und Verderb bin ich Fremder unter Fremden. Ich bin Heimat-Loser, nach Heimat Suchender. Und fühle ich mich selbst irgendwo beheimatet, so kenne ich doch die Fremdheit, die an die Tür meines Heims klopft.

Wie gehen wir mit dieser Fremdheit um? Das göttliche Gesetz führt zur göttlichen Erfüllung; wer sich dem Fremden zuneigt, dessen innere Haltung und Ausrichtung ändert sich. Jede Wohltat am Fremden, am Hungrigen, am Dürstenden, am Nackten, am Kranken, am Gefangenen wird zur heiligen Handlung, da Gott sich mit den Bedürftigen identifiziert. Ob es der Mensch weiß oder nicht – die Ausübung der Nächstenliebe ist Erfüllung nicht menschlichen Denkens und Planens, sondern sie ist Erfüllung göttlicher Heilsordnung. Eigentlich ist es zutiefst erschütternd, ja, es ist befremdlich: Der allmächtige Gott im Fremden, Nackten, Gefangenen!

Bleibt uns Gott deshalb so fremd, weil wir seine Art zu lieben und geliebt werden zu wollen nicht begreifen, weil diese Art der Liebe uns so fremd ist? Wie schwer ist es, die Kunstfertigkeit des Liebens zu erlangen!

Um die göttliche Liebe ernst zu nehmen, sind wir gehalten, alle zu lieben und niemanden auszuschließen. Dann verliert Fremdheit ihre Bedrohlichkeit und wird zum Abenteuer des Lebens.

Ich, der oder die einzelne Nächste, der Nachbar, die Freundin, der Feind – wir sind Fremde unter Fremden wie Jesus! Mit

ihm, dem Herrn der Welt, dem Herrn des einzelnen Menschen sowie der Völker und Rassen, der Religionen und Kulturen, können wir Fremdsein wagen, weil Seine Antwort auf alle Fremdheit Liebe heißt.

Alles auf Anfang

Immer öfter geht es uns mitten im Leben so: Wieder einmal stehen wir am Anfang. Können, dürfen, müssen etwas neu beginnen. Sind verunsichert.

Dann haben wir die Möglichkeit, auf zwei sehr unterschiedliche, ja gegensätzliche Weisen diesen neuen Anfang zu betrachten. Wir könnten einerseits sagen: »Schon wieder der Kreislauf; immer dieselbe Leier; es wird ja doch nichts besser; alles ist schon einmal da gewesen; das haben wir doch alles schon so oft gehört ...«

Bei einer solchen Einstellung spricht die Erfahrung mit, dass sich vieles im Leben wiederholt; man erwartet im Grunde nichts Neues. Hier besteht die Gefahr, dass man sich dem Leben, dem Neuen, den Überraschungen des Alltags verschließt.

Eine andere Einstellung zum Thema Neuanfang brachte eine befreundete Dame von 97 Jahren zum Ausdruck, die ihre Lebenserfahrung in den folgenden Worten umriss: »Man kann das Leben jeden Tag neu beginnen.« – Aus ihren Worten spürte ich eine ganz andere Lebenseinstellung heraus. Es ist eine grundsätzliche Lebens-Erwartung in dem Sinn, dass das Leben etwas zu bieten hat: in all seiner Vorläufigkeit, in aller Fragmenthaftigkeit immer wieder neue Chancen; hallo – das Leben ist spannend!

Es ist wahr: Die Jahre kommen und gehen, das Rad der Wiederholungen dreht sich in einem fort ... Doch ist es eben nicht immer dasselbe.

Ich möchte die Jahre des Lebens vergleichen mit einer Spirale, die stets die gleichen Kreise zieht: Jahreszeiten, Zyklen, Fest- und Gedenktage, Wochen und Monate. Dennoch ist die Spirale zielgerichtet.

Bei aller Wiederholung geht es weiter. Mit meinen heutigen Erfahrungen bin ich nicht mehr derselbe wie vor einem Jahr. Ich habe mich verändert: Mein Leben ist reicher geworden. Ich sehe, höre, fühle, denke anders, vielleicht reifer, erfahrener. Das Leben lehrt mich täglich neue Dinge. Ich erwarte etwas vom Leben. Ich weiß aus Erfahrung, dass jeder geschenkte Tag mein Leben bereichert und mich lenkt. Wohin? Ich glaube auf ein endgültiges und alles umfassendes Ziel hin.

Selbst wenn ich mich hier und jetzt endlich und begrenzt erlebe, so sehe ich und erkenne ich im Rückblick Zusammenhänge von Ereignissen und Erfahrungen, die sich zu einem Ziel sinnvoll zusammenfanden. So glaube, erwarte und vertraue ich darauf, dass mir dann Gott selbst, als mein Retter und Vollender, als das große Ziel meines Lebens begegnet.

Herzenssache

In einer Zeit, die uns Menschen zwischen kalter Rationalität und dümmlicher Gefühlsduselei hin- und hertreibt, ist es lebensnotwendiger denn je, das Herz sprechen zu lassen, mit dem Herzen neu hören zu lernen! Nur in der Tiefe unseres Herzens nehmen wir unverfälscht wahr, was Gott für uns bedeutet!

»Höre, mein Sohn, und neige das Ohr deines Herzens«, mahnt mit den ersten Worten seiner Regel der Heilige Benedikt die brüderliche Gemeinschaft. »Herz« ist wohl das bedeutendste menschliche Urwort. Trotz aller aufklärerischen Aufspaltung menschlicher Kräfte hat dieses Wort »Herz« seinen ganzheitlichen Sinn für den Menschen und seine innerste Mitte bewahrt. Trotz aller Verkitschung und Kommerzialisierung bleibt das Herz im Bewusstsein der Menschen der Ort der Liebe, der Empfindung, der religiösen und sittlichen Erkenntnis. Man kann sein Herz verhärten; man kann »das Herz am rechten Fleck« haben. Jemand hat ein großes, weites, warmes Herz.

Jeder weiß, was diese Sätze bedeuten! Gegen alle Überbetonung der praktischen Vernunft und des Intellekts hilft uns das Festhalten einer herz-lichen Haltung, menschlich zu bleiben. Auch Gott hat ein so großes Herz für uns, dass er uns ein »neues Herz« geben will, wie es Ezechiel prophezeit. Daher ist es so wichtig, dass wir unsere Herzen zu Gott erheben.

Schon die Zehn Gebote ermahnen uns, »... den Herrn, deinen Gott, aus ganzem Herzen zu lieben«. »Am Herzen des Vaters ruht der Sohn«, sagt der Evangelist. Gott hat ein Herz für uns, und darum sandte er Ihn uns in diese Welt, damit er die Herzen der Menschen, damit er das Herz jedes Einzelnen von uns bekehre.

Ist diese Liebe und Gnade Gottes nicht eine tolle Nachricht? Die Botschaft, dass Gott uns liebt, geht uns auch heute noch zu Herzen; wir brauchen uns dessen nicht zu schämen! Im Gegenteil, gerade hier darf sich un-verschämte Freude entfalten: Es ist eine Freude, die nicht lärmt, die sich nicht chaotisch verhält, sondern die sich tief und harmonisch ausbreitet und auf andere übergeht. Diese Herzens-Freude verschenkt sich wie die Liebe, die Gott zu uns hat: Göttliche Liebe wird Mensch in Jesus Christus!

Je mehr wir uns hineinversenken in dieses Geheimnis und uns von der Freude darüber berühren lassen, umso menschlicher werden auch wir.

Ich bin ich

»Fürchtet euch nicht vor den Menschen!«, sagt Jesus. Fürchte dich nicht – sei, der du bist! Viele – ja, ich behaupte: die meisten von uns – trauen sich nicht, zu leben, wer sie sind. Wir stehen alle unter eigenen und fremden Erwartungen. Ja, wir identifizieren uns sogar mit unseren Vorstellungen, wie wir »sein sollten«: Ich möchte so gerne ein guter Mensch sein ... ein guter Mensch, der so und so beschaffen ist, der diese und jene Talente, Eigenschaften und Werte verkörpert ...

Und auch die anderen erwarten das ja von mir. Schließlich bin ich Frau Soundso; schließlich bin ich Herr Dr. XY oder sonst wer ... eingebunden in ein gesellschaftliches Gleichgewicht.

Und meine kleinen und großen Geheimnisse, meine Schwächen, Fehler und Sünden – o Gott, wenn die anderen wüssten! Ich wäre nicht mehr geliebt, nicht mehr geachtet. So lebe ich für mich und die anderen in der Täuschung: Ich klammere mich verträumt an die Ideale der Vergangenheit oder male mir die ideale Zukunft aus. Erst dann bin ich glücklich, wenn ich meinen Idealvorstellungen entspreche, und denen der anderen! Denn dann »bin ich es wert«, geliebt zu werden. Doch jetzt lebe ich permanent in der Angst, das Ziel zu verfehlen. Ich habe Angst, dass enthüllt wird, was ich von mir bis jetzt noch erfolgreich verberge ... Ich habe Angst, wenn enthüllt wird, wie ich WIRKLICH bin!

Mehr oder weniger kennen wir alle diese Gedanken! Aber: »Fürchtet euch nicht vor den Menschen! Denn nichts ist verhüllt, was nicht enthüllt wird, und nichts ist verborgen, was nicht bekannt wird«, heißt es im Evangelium. Fürchte dich nicht – Gott liebt dich so, wie du bist! Fürchte dich nicht – in Gottes Augen bist du wertvoll, für ihn bist du kostbar, liebens-würdig. Du bist sein Kind, so wie du bist – fürchte dich also nicht vor den Menschen! Gottes Liebe ist seine Wahrheit, seine Realität.

Gottes Liebe ist treu. Ich bin ein Teil der Realität Gottes; Gott macht sich kein falsches Bild von mir. Gott erwartet keine Leistungen; er macht sich keine Illusionen, wer ich bin! Gott liebt, Gott ist treu, Gott vergibt! Gott weiß, wer ich im Tiefsten meines Wesens vor ihm bin: Ich bin von Gott geliebter Sünder! Glaube ist, diese Wahrheit in mir zu erfahren und mich dieser Wahrheit vertrauensvoll zu öffnen.

All mein Versteck-Spielen, meine Ängste, erkannt zu werden, durchschaut, nicht geliebt zu werden, all das löst sich in Luft auf, je mehr ich glaube, dass Gottes Liebe unverbrüchliche Treue zu mir meint. Fürchtet euch also nicht vor den Menschen, vor ihren Erwartungen und Vorstellungen, wie ihr »sein solltet«, damit ihr glücklich werdet, anerkannt, geschätzt, geehrt, geliebt. Erkennt, dass ihr Kinder Gottes seid – Kinder Gottes! Erkennt, dass ihr Gottes Liebe seid! Exemplarisch, wirklich ein-malig ist Jesus Christus: er ist die Mensch gewordene Liebe Gottes – Er ist es, der sagt: »Fürchtet euch nicht vor den Menschen!«

Ein Bekenntnis, das Glaubens-Bekenntis zu Jesus Christus ist kein bloßes Lippen-Bekenntnis; das Glaubens-Bekenntis zu Jesus Christus ist zugesagtes Wort Gottes und erfüllende Tat – und beides zusammen ist Liebe! Ein Bekenntnis zu Jesus Christus ist Wesens-Erfüllung durch die Tat der Liebe, ist lieben, wie er geliebt hat. Wer sich nun vor den Menschen zur Liebe bekennt, zu dem wird sich auch die Liebe bekennen!

Nachfolge, Bekenntnis zu Jesus bedeutet aber nicht, Jesus einfach zu imitieren! Wie viele Menschen sind an ihren eigenen Erwartungen in der Nachfolge kaputtgegangen: Immer wieder ist die Enttäuschung groß, wenn jemand nicht den eigenen Idealen oder denen der anderen entspricht. Denn wir alle haben ja ein Bild davon, wie wir als »guter Christ« zu sein hätten, wie eine Ordensfrau, wie ein Mönch, wie ein Priester, wie eine gute Mutter, wie ein gutes Kind zu sein hat!

Gott wird mich dereinst nicht fragen, warum ich nicht Jesus imitiert habe, sondern er wird mich fragen, ob ich ICH gewesen bin, geliebter Sünder Gottes! Was Jesus war, nämlich Mensch gewordene Liebe Gottes, das soll auch mein Bekenntnis sein – das bin auch ich!

Kirche und Glauben

Im Credo der Kirche beten wir: »Ich glaube an die Heilige Kirche«. Sicher geht es uns allen so, dass wir häufig ein Unbehagen und Zögern in uns spüren, wenn wir diese Worte sprechen. Es ist so deutlich: In der Kirche gibt es viel Un-Heiliges, Menschliches und Unerlöstes, das das Leben aus dem Glauben in der Kirche erschwert. Die Kirche ist aber nicht nur Kirche der Heiligen, sondern auch die Kirche der Sünder. Die Kirche ist für die Menschen da!

Wir Menschen sind die lebendigen Steine, aus denen die geistige Kirche aufgebaut wird. Christus lebt in den und durch die Menschen in der Welt weiter. Christus ist wahrer Gott und wahrer Mensch. Auch zur Kirche, die sein Leib ist, gehört das Göttliche und das Menschliche, das Geistige und Unsichtbare und das Leibhafte, Menschliche und Sichtbare.

Die Geschichte der Kirche beweist es: Es ist ein Wagnis Gottes, seine Kirche den Menschen anzuvertrauen und sie zu Trägern des Heiles zu machen. Das Sündige und Unzulängliche, das Unvollkommene und Armselige zeigt sich immer wieder in ihr, und das ist gut, denn es ist die Aufgabe der Kirche, uns schwache Menschen durch diese Welt zu führen, uns zu sammeln in dem einen Glauben an Jesus Christus, der uns alle zum Heil, zu seiner Vollkommenheit führen will. Aus Gnade sind wir gerettet! Christus ist nicht gekommen, Gerechte zu rufen, sondern Sünder!

Die Kirche verweilt wie die Schöpfung immer noch im Seufzen und erwartet die Offenbarwerdung der Kinder Gottes. Die Zeit ist uns Menschen geschenkt, um umzukehren, immer wieder

den Weg der Erneuerung zu wagen, um so durch Christus die Kirche und die Menschen zu heiligen.

Ich will nicht auf die vielen zahllosen Leiden eingehen, die Christen im Lauf der Geschichte immer wieder erfahren mussten, um dem leidenden Christus nachzufolgen. Vielmehr ist es mir wichtig, darauf hinzuweisen, dass auch das normale Alltagsleben ein Leben aus Christus sein soll. Am Guten und Wohlgefälligen soll sich also der Christ erfreuen. Das schließt unbedingt auch die vielen Alltagserfahrungen ein, die uns in der Arbeit, im Haus, im Beruf, im menschlichen Miteinander begegnen.

Wir stehen oft in der Gefahr, einen zu großen Trennungsstrich zu machen zwischen Glauben und Frömmigkeit und dem Leben. Dabei kommt es vielmehr darauf an, auch den Alltag zu heiligen. Die verschiedenen kleinen und großen Dienste, die Begegnungen im Licht Gottes zu tun. Das aktive Leben wird ohne die Frömmigkeit, ohne die Kontemplation hohl und leer. Andererseits wird nur kontemplatives Leben unabhängig von der Welt nicht seinen Sinn erfüllen. Die Gottesliebe wird sich daran ablesen können, wie sehr jemand die Menschen liebt. So meine ich auch, dass das benediktinische »ora et labora« (»bete und arbeite«) eine gegenseitige Durchdringung meint. Gebet und Arbeit sind die zwei Säulen, die unbedingt zusammengehören. Meine Arbeit im Alltag ist ein Gott-Dienen!

Vom Chromosomensatz angefangen, den wir unseren Eltern und Vorfahren verdanken, über unsere Erziehung, die Sprache, Kultur, können und müssen wir davon ausgehen, dass kein Mensch vom Nullpunkt anfängt, Mensch zu sein. Aller persönlichen Freiheit zuvor steht das Vorgegebene, in das wir hineinwachsen und das uns prägt. Herkunft und Tradition prägen unser Leben, und erst von hier aus sind wir in der Lage, Freiheit zu gebrauchen.

Die Urteile, die dem Menschen schon vorgegeben sind, helfen ihm, seinen eigenen Ort zu finden und zu bestehen. Die Kenntnis der Tradition entlastet den Menschen, immer wieder neu anfangen zu müssen. Das Wissen um die Erfahrungen der Gesellschaft hilft, Fehler der Vergangenheit nicht wieder zu begehen. Menschen ohne Tradition können leicht zum Spielball der Mächtigen werden. Wer die Tradition kennt, ist ein kritischer Mensch, der zu einem sachlichen Urteil befähigt ist.

Jesus Christus ist Ziel und Grund unseres Lebens. Ohne ihn würden wir als Christen nicht so hoffnungsvoll in die Zukunft schauen. Die Verheißung nämlich, die uns seine Geschichte und die Geschichte der Menschen, die an ihn glauben, vermittelt, bedeutet für uns Zukunft und Ermutigung zur Zukunft.

Unser Glaube wird uns aber nicht nur durch die Schriften des Alten und Neuen Testamentes überliefert. Glaube ist ein ständiges Empfangen und Weitergeben. Wir leben auch aus den Erfahrungen vieler Menschen in der Vergangenheit. Viele Menschen haben die Heilsbotschaft Christi gelebt. Aus zahlreichen Zeugnissen der Vergangenheit können wir lesen, wie unter sich verändernden, geschichtlichen Bedingungen die Weitergabe der frohen Botschaft im Heiligen Geist je neu Gegenwart wird. Das Leben des Glaubens entzündet sich am Leben, das uns andere Menschen vorgelebt haben.

Die christliche Über-Setzung des Glaubens ist die Kirche. Kirche – das ist nicht nur die Kirche der Gegenwart. Kirche – das ist auch die Kirche der Vergangenheit. Gläubige Menschen, Männer und Frauen, haben durch ihren herausragenden Glauben und durch geistliche Bewegungen das Christusgeheimnis je neu entdeckt und ihre Erfahrungen an die Nachkommen weitergegeben.

Jesus Christus ist die geistliche Quelle des Lebens schlechthin. Aus seinem Quellgrund speisten und speisen sich die folgenden Generationen. Wir sind die Erben der geistlichen Väter und Mütter. Wir sind Kirche, die die geistliche Tradition weiterzugeben haben an die folgenden Generationen.

Darum sind für mich persönlich manche geistliche Gestalten der Geschichte so wichtig geworden, die wir in der katholischen Tradition als Heilige bezeichnen. Augustinus, Benedikt, Franziskus, Clara, Bernhard von Clairvaux, die Wüstenväter, Gerhard Tersteegen, Paul Gerhardt, Teresa von Avila, Ignatius von Loyola, Dietrich Bonhoeffer – eine »Wolke von Zeugen« umgibt uns! Auch sie waren, sind und werden Zeugen für das Evangelium sein. Ich fühle, dass ich in dieser Tradition der Kirche stehe, und bin dankbar darum, dass sie mir durch so viele Zeugen den Glauben vermitteln kann.

Sympathie heißt Mit-leiden

Die Kirche und jedes einzelne Glied lebt nicht nur VON Gott, sondern FÜR Gott. Die frohe Botschaft, die wir von Jesus Christus hören, sollen wir auch weitergeben. Die frohe Botschaft ist aber nicht nur Wort, sondern sie ist auch Tat: Das Himmelreich ist eine Gnade Gottes, die wir ständig empfangen und weiterzugeben haben. Wenn auch kaum jemand von uns Kranke heilen, Tote auferwecken, Aussätzige reinmachen und Dämonen austreiben kann, so glaube ich doch, dass wir uns von der Haltung Jesu anstecken lassen können, die er hatte, als er die vielen Menschen sah: Er hatte Mit-Leid mit ihnen!

Fragen wir uns doch einmal, wie wir die Menschen sehen und be-urteilen – oder auch ver-urteilen! Es ist wahr: Mitleid kann schamlos ausgenützt werden; doch ich würde Mit-Leid folgendermaßen übersetzen: Mit-Leid bedeutet für mich, ein aufmerksames Herz zu haben für die Not der anderen. Der Aufmerksame kann unterscheiden, wo echte Erschöpfung und echte Müdigkeit sind. Umsonst haben wir empfangen, umsonst sollen wir geben! Wenn Mit-Leid und Liebe in der Kirche nicht die besten Plätze einnehmen, dann verlieren wir unsere Glaubwürdigkeit vor der Welt!

In einer Welt, wo meist nur mit harten Bandagen gekämpft wird, sind diese Worte unbequem und vielleicht für manche Ohren zu naiv. Doch wenn ich an Gott glaube, glaube ich auch an die Liebe, und die hat die Welt verändert! Gottes Natur ist Liebe, Mitleid, Güte, und dieser Natur Gottes sollen und dürfen wir immer ähnlicher werden.

DIE BENEDIKTS-REGEL

Benedikt von Nursia hat im 6. Jahrhundert eine berühmte Regel verfasst, die seither ungezählten Mönchen und Nonnen als eine »Anleitung zu christlichem Leben« diente, wie es Georg Holzherr, Altabt von Einsiedeln, ausdrückte. Das Werk regelt konkrete Dinge, wie den Gottesdienst oder die Aufgaben des Abtes und der Mönche im Kloster, aber auch wie sie arbeiten, essen und schlafen sollen, wie man mit Kranken und Gästen umzugehen hat oder sich auf Reisen verhalten möge.

Die Regel ist aber vor allem ein spirituelles Buch, voll von Zitaten aus der Heiligen Schrift und der Kirchenväter. Benedikt möchte seine Schrift nicht als Gesetzessammlung verstanden wissen, sondern als Leitfaden für Menschen, die aufrichtig Gott suchen. Ihnen erteilt er Rat und Hilfe, ermutigt sie, alles zu geben und tröstet sie, mit ihrer Schwachheit geduldig zu sein. So war die Benediktsregel stets für Christen über die Orden hinaus ein wertvoller Zuspruch, sich vollkommen auf das Abenteuer des Glaubens einzulassen.

Benedikt hat – wie die Historiker heute erkennen können – großzügig von anderen Regeln abgeschrieben, die er bereits vorfand, vor allem von der »Regel des Magisters«, deren Verfasser anonym ist. Dennoch atmet die Regel Benedikts einen eigenen Geist, die das Charisma des Heiligen ausstrahlt: Die Sehnsucht nach einem Leben ganz in der Gegenwart Gottes, dem der Mönch, die Nonne und jeder, der Christus nachfolgt, sein Leben weiht.

Höre, mein Sohn, auf die Weisung des Meisters,
neige das Ohr deines Herzens,
nimm den Zuspruch des gütigen Vaters willig an
und erfülle ihn durch die Tat!
So kehrst du durch die Mühe des Gehorsams zu dem zurück,
den du durch die Trägheit des Ungehorsams verlassen hast.
An dich also richte ich jetzt mein Wort, wer immer du bist,
wenn du nur dem Eigenwillen widersagst,
für Christus, den Herrn und wahren König, kämpfen willst
und den starken und glänzenden Schild des Gehorsams ergreifst.

Vor allem: wenn du etwas Gutes beginnst,
bestürme ihn beharrlich im Gebet, er möge es vollenden.
Dann muss er, der uns jetzt zu seinen Söhnen zählt,
einst nicht über unser böses Tun traurig sein.
Weil er Gutes in uns wirkt, müssen wir ihm jederzeit gehorchen;
dann wird er uns einst nicht enterben
wie ein erzürnter Vater seine Söhne;
er wird auch nicht wie ein Furcht erregender Herr
über unsere Bosheit ergrimmt sein
und uns wie verkommene Knechte der ewigen Strafe preisgeben,
da wir ihm in die Herrlichkeit nicht folgen wollten.

Stehen wir also endlich einmal auf!
Die Schrift rüttelt uns wach und ruft:
»Die Stunde ist da, vom Schlaf aufzustehen.«
Öffnen wir unsere Augen dem göttlichen Licht,
und hören wir mit aufgeschrecktem Ohr,
wozu uns die Stimme Gottes täglich mahnt und aufruft:
»Heute, wenn ihr seine Stimme hört, verhärtet eure Herzen nicht!«

Und wiederum: »Wer Ohren hat zu hören, der höre,
was der Geist den Gemeinden sagt!« Und was sagt er?
»Kommt ihr Söhne, hört auf mich! Die Furcht des Herrn will
ich euch lehren. Lauft, solange ihr das Licht des Lebens habt,
damit die Schatten des Todes euch nicht überwältigen.«

Und der Herr sucht in der Volksmenge, der er dies zuruft,
einen Arbeiter für sich und sagt wieder: »Wer ist der Mensch,
der das Leben liebt und gute Tage zu sehen wünscht?«
Wenn du hörst und antwortest: »Ich«, dann sagt Gott zu dir:
Willst du wahres und unvergängliches Leben,
bewahre deine Zunge vor Bösem und deine Lippen
vor falscher Rede!
Meide das Böse und tue das Gute!
Such Frieden und jage ihm nach!

Wenn ihr das tut, blicken meine Augen auf euch,
und meine Ohren hören auf eure Gebete;
und noch bevor ihr zu mir ruft, sage ich euch: Seht, »Ich bin da«.

Liebe Brüder, was kann beglückender für uns sein
als dieses Wort des Herrn, der uns einlädt?
Seht, in seiner Güte zeigt uns der Herr den Weg des Lebens.
Gürten wir uns also mit Glauben und Treue im Guten,
und gehen wir unter der Führung des Evangeliums seine Wege,
damit wir ihn schauen dürfen, der uns in sein Reich gerufen hat.
Wollen wir in seinem Reich und in seinem Zelt wohnen,
dann müssen wir durch gute Taten dorthin eilen;
anders kommen wir nicht ans Ziel.

Aus dem Prolog der Benediktsregel

Gebet zum Heiligen Benedikt

Heiliger Benedikt,
du Richtschnur für ein Leben im Angesicht Gottes,
Vorbild und Lehrer, mit Christus jubelt dein Geist im Himmel.
Hirte deiner Herde,
schütze und stärke sie durch deine Fürsprache;
lass sie unter deiner Führung auf lichter Bahn
in den Himmel gelangen.
Wir bitten dich, heiliger Vater Benedikt,
du von Gott Gesegneter, sei Fürsprecher für deine Familie und für
alle, die dich zum Vorbild und Lehrer erwählt haben.
Tritt ein für die ganze Christenheit.
Bitte für uns, damit Gott unser Herz und unser Tun
von aller Schuld reinige.
Er verleihe uns die Kraft, seine Gebote zu beobachten
und den Weg deiner heiligen Regel zu gehen,
die wir gemäß unserem Versprechen befolgen wollen.

Aus dem französischen Kloster Fleury, um 900

KAPITEL II

»Ich bin ins Kloster gegangen,
weil ich glücklich werden wollte!«

Mönch werden, Mönch bleiben –
Erste Schritte auf dem Weg in ein alternatives Leben

DAS ZWEITE GESPRÄCH

Georg Schwikart: *Man könnte ja neidisch werden, wenn man hört, was Sie erzählen. Sie haben anscheinend gesucht und gefunden. Dieses Gefühl: »Ich weiß, was ich tun soll, ich habe eine Entscheidung getroffen«, das kennen ja auch andere Menschen. Zum Beispiel: »Das ist meine Partnerin, mein Partner; das ist mein Beruf; das ist mein Weg« – aber dann kommt man doch vom Weg ab.*
Was hat Ihnen geholfen, auf dem Weg zu bleiben?

Abt Benedikt: Ach, es gibt ja keine Elis mehr!

Keine »Elis« mehr? – Ach so, Sie meinen jenen Eli, der dem jungen Samuel klar macht, dass Gott ihn ruft (vgl. 1 Sam 3)?

Ja, diesen Eli meine ich, diese Menschen, die die Berufung anderer erkennen können. Wir brauchen geistliche Begleiter!

Sie hatten so einen Eli?

Ich habe ja damals auf der Rückfahrt von Gerleve einen Freund besucht, der war Vikar, und der konnte sich gut vorstellen, dass ich Benediktiner werde. Das war für mich wichtig: Ich konnte die Klarheit, die in mir war, in einem anderen spiegeln. Der kannte mich gut. Ich wusste, dass seine Aussage im besten Sinne »neutral« ist; er konnte mir ein Gegenüber sein. Der war überhaupt nicht tendenziös, der wollte mich in keine Richtung lenken, sondern für ihn schien offensichtlich: »Das ist gut für dich!« – Meine Entscheidung beruhte ja nicht auf einem Willensakt. Die war vielmehr auf mich gekommen, wie etwas, das man plötzlich weiß: »Ich hab's, heureka!« Das braucht man nicht mehr zu hinterfragen. Du machst die Tür auf: »Ja, genau, das ist es!«

War das nicht ziemlich »aus dem Bauch heraus« entschieden?

Als skeptischer Mensch fragt man sich dann doch: »Liegst du da richtig?« Wenn die Ratio eingeschaltet wird: »Du ins Kloster?« Natürlich fürchtet man sich dann, das ist doch nur aus dem Bauch heraus, aber dafür hatte ich eben meinen Eli: Einen Menschen, dem ich vertraute, der nicht manipulierte, der das in aller Ruhe aufnahm und sagte: »Ja.« Solch ein Gegenüber tut gut.
Das erlebe ich ja auch bei jungen Leuten, die hier ein Jahr lang leben. Die erzählen von ihren Erfahrungen, warum sie Theologie studieren, was sie im Glauben bewegt, und dabei geraten sie an Tiefenschichten. Da werde ich beim Zuhören zu einem Gegenüber für sie; Martin Buber hat das ja so schön ausgedrückt: »Der Mensch wird erst am Du zum Ich.«

Der moderne Mensch setzt ja eigentlich auf Autonomie.

Ihm fehlt es am Du, deswegen erkennt er nicht sein Ich, bleibt bei einer kindlichen Ichbezogenheit. Im Glauben gehen wir einen anderen Weg: Je näher man zu Gott kommt, je deutlicher er wird – desto näher kommt man auch zu seinem eigenen Wesen. Das ist das Thema der Freiheit. Ich bin der Meinung, Freiheit heißt nicht in erster Linie, viele Möglichkeiten der Wahl zu haben, sondern frei ist der, der immer mehr zu seinem eigenen Wesen kommt. Es ist nicht die

Freiheit für so vieles, sondern es ist auch die Freiheit, dass du so vieles nicht mehr zu wählen brauchst, weil du es nicht mehr benötigst.

Nun könnte man fürchten, das schränke die Entfaltungsmöglichkeiten ein.

Es heißt ja heute immer: »Ich brauche das für mich, damit ich mich entfalten kann.« Von wegen. Bei der Erfahrung der Freiheit merkst du auf einmal: »Ich brauche viele Dinge nicht, damit ich mich entfalten kann.« Viele Möglichkeiten fallen weg, und das ist auch eine Freiheit! Will sagen: Das macht dich selbst-sicherer, selbst-bewusster. Und da kommst du mehr zu dir selber, das ist die eigentliche Freiheit. Das ist die Freiheit, die ich meine.

Was Sie von der Freiheit des Mönchs sagen, klingt faszinierend, aber auch ein wenig abgehoben.

Natürlich, jetzt kommt da der Alltag. Das Ganze setzt Patina an. Du merkst einfach: Mit dem Ja zu Gott, dem Ja zur Berufung und dem Ja zur Freiheit sind hohe Ideale verbunden. Die zu verwirklichen, ist noch einmal etwas anderes. Du denkst dir: »So und so sieht ein Mönch aus, und das und das musst du leisten.« Und dann merkst du auf einmal: Mit deiner inneren Freiheit und dem, was du für dich entdeckt hast, bist du nicht sofort ein ganz anderer Mensch geworden. Du bleibst der, der du bist, mit all deinen Vorzügen und Schwächen. Das, was klar geworden ist, braucht die Einübung. Braucht die Erfahrung. Braucht das Fallen, um wieder neu aufzustehen. Braucht immer wieder auch das Gegenüber: Deswegen ist Glaube wohl etwas Individuelles, aber nichts Individualistisches. Glaube braucht Gemeinschaft. Christlicher Glaube ist etwas Gemeinsames. Ich bin nicht allein auf dem Weg. Auch wenn ich von Gott mit meinem Namen gerufen werde, mit meinem Wesen, der ich sein soll vor ihm.

Ist es ein mühseliges Geschäft, Mönch zu werden, beziehungsweise zu sein?

Es ist ein Prozess! Diese Quelle, die du zunächst entdeckst in dir, die muss erst einmal sauber gemacht werden. Da fällt immer wieder der Dreck rein. Und dann müssen da dickere Steine drum herum gelegt werden. Und dann bricht wieder etwas zusammen, und dann bist du wieder am Aufbauen. Mit einem Schnipps wirst du kein anderer Mensch! Nicht selten wirst du enttäuscht und verzweifelt sein über

deine eigenen Grenzen und Unzulänglichkeiten und auch die der Mitbrüder. Trotzdem bleibt der rote Faden: die innere Gewissheit, die trägt, die durch alle Erfahrungen hindurch trägt. In einem Kirchenlied heißt es: »Hilf uns *aus* aller Not« – das bete ich aber nicht gern. Ich denke dann immer: »Hilf uns *in* aller Not!« – Hindurch!

Paulus sagt ja einmal: Nicht mehr ich lebe, sondern Christus lebt in mir. – Nur, wie kommt man dahin?

Wir beten ja immer um alles Mögliche, was Gott uns so geben kann: Diese Gnade und jenen Segen, Kraft hierfür und dafür. Da dreht man sich um seine eigenen Tugenden: »Gib mir die Kraft, dass ich dies und jenes schaffe.« Doch da gibt es ein wunderbares Gebet, das eine andere Dimension eröffnet: »Wachse, Jesus, wachse in mir – in deiner Güte und in deiner Wahrheit.« … So geht der Blick von uns selbst weg auf ihn hin; nicht ich soll wachsen, in meiner Demut, in meiner Kraft, in meiner Liebe – da kann ich mir dann nur irgendwann selber auf die Schulter klopfen. Sondern von Gott her denken, dass er mir die Kraft gibt; Gnade ist ja etwas, das von ihm her kommt.

Demut ist so ein Begriff, mit dem man sich heute schwer tut.

Demut heißt ja nicht, krumm zu werden, ganz klein. Wenn einer demütig ist, dann ist es Jesus Christus. Wer demütig ist, ist ein selbstbewusster Mensch. Jesus kann sagen: »Ja, ich bin ein König.« Und er kann den Sklavendienst machen.
Das ist die nächste Ebene: Demut ist Balance zwischen Stolz und Minderwertigkeit. Der Demütige weiß, wer er ist. Und das ist etwas,

was ich von mir selbst nie so sagen kann: »Ich bin demütig«; nur Jesus konnte das. Ich kann die Demut lernen, demütig werden durch ihn, wenn ich ihm nachfolge. Aber von mir aus kann ich das nicht. Entweder bin ich überheblich und stolz oder ich mache mich buckelig und klein. Und trotzdem weiß ich, was ich in erster Linie bin: ein Kind Gottes!

Demut wurde ja in der Kirche auch als Kampfbegriff gebraucht …

… leider. Da wurden Menschen klein gemacht, das hängt mit dem Gehorsam zusammen. »Wenn du nicht gehorsam bist, dann bist du nicht demütig!« Da sind viele Menschen – vor allem Priester und Ordensleute – gebrochen worden. Dabei geht es darum, dass ich in meinem Glauben immer mehr ich selbst werden soll.
Schon im Prolog der Benediktusregel heißt es: »Wer ist der Mensch, der das Leben liebt und gute Tage zu sehen wünscht? – Und wenn du das hörst und antwortest: ›Ich!‹, dann sagt Gott zu dir: ›Willst du das wahre und ewige Leben haben, tue dies und jenes …‹« – Das hat mich von Anfang an fasziniert. Bei allem Gehorsam steht bereits in der Vorrede: »Ich!« Das demütige Ich, nicht das Ego, das sich überall produzieren will. Das ist der wahre Mensch. Ein lebenslanger Prozess: als Novize, zeitliche Profess, ewige Profess, als Koch oder Abt – es geht darum, in aller Demut »Ich« zu sagen. Ich verdanke mich immer einem Größeren. All meine Begabungen sind Geschenke oder geliehen, um anderen zu dienen. Da ist die Spannung.

*»Ich« zu sagen ist allerdings sehr populär. Allein, Begriffe
wie Selbstfindung und Selbstwerdung erfahren ja in Ihrem
Verständnis eine andere Deutung.*

Der Mönch soll sich nicht selbst entfremden, sondern selbst finden.
Der Gehorsam soll ihn nicht kaputtmachen, die Bindung soll ihn vielmehr befreien. Es geht um die Liebe. Darum meine ich, es geht darum, die Liebe zu verwirklichen, dann werde ich wirklich! Ich selbst!
Gott ist Liebe.

Ein großes Wort.

Ohne das geht nichts! Das augustinische »Liebe und tu, was du
willst«, das ist die Anarchie der Liebe. Das ist die Freiheit. Wer durch
die göttliche Liebe immer mehr verwandelt wird, der ist frei, der tut
nichts anderes als das, was Liebe meint. Genau darin ist er frei. Je
mehr ich mich an diese Liebe binde – in diesem Weinstock will ich
mich ja verwurzeln – je mehr werde ich ich selbst.

*In der »Welt« gilt die Devise: »Haste was, biste was. Geld, Titel,
Macht, Ansehen – dann hat dein Leben einen Sinn.« –
Das Klosterleben, überhaupt, der Weg Jesu scheint genau in das
Gegenteil zu weisen. Möchte das nicht mancher annehmen und
für wahr halten, aber er tut sich schwer? Gibt es eine Methode,
wie man das einüben kann?*

Einüben ist schon das Stichwort. Ich stolpere ja immer wieder, obwohl ich manches als wahr erkannt habe, aber dann richte ich meinen Blick wieder nach außen und ich suche mein Glück außen. Oder ich definiere mich über das Haben. – Aber das Glück ist in uns! Das Gottesreich ist in uns!

Und da versteckt es sich?

Wir decken es zu. Das Materielle ist ja viel handgreiflicher, das ist ja viel näher, das scheint viel leichter zu erreichen zu sein, als zu sagen: Ich gehe den inneren Weg. Aber die Umkehr, die permanente Umkehr, täglich, stündlich, ist notwendig.
Unsere Novizen waren unlängst erst in der Wüste, und da haben sie einen älteren Mitbruder gefragt: »Seit wann bist du Mönch?« Er gab die weise Antwort: »Seit heute.« Das ist es! Auch wenn es banal klingt.

An einer Vokabel wie »Umkehr« haftet ein moralischer Touch.
Warum hat eine Vokabel wie »Glück« im Glauben so wenig Platz?

Ich bin ins Kloster gegangen, weil ich glücklich werden möchte. Die Leute von außen meinen oft: »Boh, der geht ins Kloster, ist ja toll, muss ein Supertyp sein.« Und wenn man den Gesang hört, das ist ja toll, man macht jetzt Reklame damit und schlachtet das aus, weil bestimmte Vorurteile da sind.
Ich bin nicht ins Kloster gegangen, weil ich toll und stark bin, sondern weil ich schwach bin. Weil ich eben genau das einüben möchte. Ich bin ein bisschen ein chaotischer Typ, da hilft mir das Kloster in diesen

Ordnungsbahnen, mich zu stabilisieren, mein Leben so zu gestalten, dass ich ruhiger werde.

Benedikt sagt in seiner Regel, der Abt soll bedenken, dass er nicht die Herrschaft über Gesunde zu erhalten hat, sondern Dienst an kranken Seelen versieht. Wir sind doch alle Verletzte und Kranke. Das ist es, was uns ins Kloster führt. Das ist der Rahmen der Klausur, der uns die Möglichkeit gibt, uns nach unseren Möglichkeiten zu entwickeln. Das ist das Geheimnis der Kraft der Klöster über die Jahrhunderte als Kulturträger: Die Mönche und Nonnen haben sich eingestanden: »Herr, ich bin schwach.«

Ist dieses Eingeständnis die Lösung, dass man sich eben nichts mehr vormacht?

Genau in diesem Eingeständnis, in dieser Freiheit der Ordnung – die Ordnung ist der Liebe eigen, sagt Augustinus –, darin liegt die Kraft. Das ist das, was die Leute draußen spüren. Oder wenn sie mir sagen: »Abt Benedikt, wenn Sie das Vaterunser singen, da geht so viel von Ihnen aus.« Das weiß ich nicht! Wenn die anderen das sehen und hören, dann spüren die das Äußere, aber wer kennt mich denn schon? Wer weiß denn schon um mich und das, was mich umtreibt, wer weiß, was mich wirklich ausmacht? – Aber das ist das, was man sieht.

Und was man nicht sieht, das ist nicht so toll …

Im 2. Korintherbrief schreibt Paulus, dass Gott ihm nicht seine Schwachheit wegnimmt, sondern dass er, Paulus, sich mit der Gnade Gottes begnügen muss, denn in der Schwachheit erweise sich erst ihre Kraft. Das ist das Geheimnis. Diese Paradoxie, in der wir leben und der wir uns täglich neu stellen müssen. Auch im Kloster: Da gibt es auch heiße Diskussionen. Da gibt es Situationen, wo man denkt: »Ich halte das nicht aus.« – Wir sind Menschen!

Wie beruhigend …

Wir sind Menschen, die dann versuchen, eben doch neu anzufangen. Die Versöhnung wieder neu zu wagen. Aber deswegen müssen wir nicht alle mit grinsenden Gesichtern herumrennen. Dieses »Lach doch, Gott liebt dich!« – das ist für mich eine Maskerade. Ich bin überzeugt, dass der Alltag auch eine Kraft ist – mit der Ordnung, die uns stabilisiert.

Die Menschen »draußen in der Welt« benötigen auch solche Stabilisierung. Doch sie suchen wohl das schnelle Heil ohne große Mühe.

Das Leben im Kloster ist kein Vergnügungspark, sondern mühsam. Es hat mit ständiger Wiederholung zu tun. Wir sind immer wieder versucht, uns als Mönche toll darzustellen, uns von außen her zu definieren. Aber Klosterleben ist Schwarzbrotkauen.

Fulbert Steffensky, der Mann von Dorothee Sölle – ein ehemaliger Benediktiner –, spricht ja auch von der Schwarzbrotspiritualität …

Genau das ist es. Mönch zu werden, geht nicht schnell. »Hepp! Ich hab's erreicht« – wehe dem, der das sagt.

Was geben Sie denn Ihren Novizen mit auf den Weg? Sie haben ja wie Sportler, die eine Goldmedaille erringen wollen, ein großes Ziel vor sich.

Das unterscheidet uns von den Sportlern, die letztlich konkurrieren. Bei uns ist es wichtig, dass wir als Gemeinschaft unterwegs sind, dass wir einander brauchen, einander stützen, gegenseitig die correctio fraterna üben, die brüderliche Zurechtweisung, ja, dass wir einander aushalten. Wer Mönch wird, geht eine Verbindlichkeit ein. Die Bindung selbst wirkt gleichzeitig befreiend, das ist das Paradoxe. Wir sind ja nicht zusammengekommen in einem Kloster, weil wir uns gegenseitig unheimlich sympathisch und ganz toll finden. Das Ziel ist ja ein anderes.

Konfuzius sagt: Der Weg ist das Ziel.

Bei aller Wertschätzung dieses Gelehrten, ich denke, der Weg ist nicht das Ziel. Das Ziel ist Gott! Es geht nicht darum, dass ich mich selbst finde oder ich mich selbst verwirkliche, sondern dass sich Gott in mir verwirklicht. Das meine ich, wenn ich sage: Wer Gott sucht, findet sich selbst.

Und diese Suche braucht Alltäglichkeit, sie ist mühsam, sie kennt das Zurückfallen. Wir gehen falsche Wege, wir merken, wie schwach wir sind und suchen unsere Erfolge außen. Da heißt es immer wieder umzukehren. Umkehr bedeutet, nach Gott zu fragen: »Wer bist du für mich, wer bin ich für dich?«

Muss man ein Leben lang Gott suchen, oder hat man ihn irgendwann gefunden?

Das Verhältnis zu Gott ist doch eine wirkliche Begegnung, wie eine Beziehung. Wer meint, den Partner zu *haben*, hat ihn schon verloren. Denn das ist ein Begriff des Besitzens. Und wer den anderen zu besitzen sucht, der muss sich neu auf die Suche machen. Wer meint Gott zu haben, muss sich neu auf die Suche machen.

Mehrmals am Tag versammeln sich die Mönche zum Gottes-
dienst in der Kirche. Sind das Stunden, in denen Sie sich aus den
Niederungen des Alltags zu Gott emporschwingen können?

Nein, Gott ist immer schon mit dabei, nur manchmal erkennen wir ihn leichter im Gottesdienst. Man kann Gott durch Gebet und Meditation, durch das Gotteslob suchen und vielleicht auch finden. Aber wir Christen, und gerade wir Benediktiner – ein Segen sollst du sein! – leben doch durch die Nächstenliebe. Ora et labora, die gehören doch eng zusammen, das Gebet in der Arbeit. Deswegen sagt Benedikt ja, alles soll wie heiliges Altargerät behandelt werden: es gibt keine Unterscheidung mehr zwischen profan und sakral. Sondern alles, die ganze Schöpfung ist geheiligt. Na klar, man hat nicht immer die ganze Palette auf dem Schirm, doch durch die Betrachtung der Heiligen Schrift ruft man sich immer wieder neu in Erinnerung, dass das, was ich jetzt tue – mein Tischdienst, mein Spülen – etwas mit Gottesdienst zu tun hat. Du sollst deinen Nächsten lieben wie dich selbst, einerseits, und die Gottesliebe, andererseits, die fallen in eins. Das ist der All-Tag.

Das Berufsethos Martin Luthers ist ja auch geprägt durch die
Vorstellung, ob du nun Fischer oder Mönch bist, Hauptsache:
Alles zur größeren Ehre Gottes, damit in allem Gott verherrlicht
werde.

Das ist nicht einfach zu haben. Das kostet was. Das kostet mein Leben! Billiger kriegst du es nicht. Wenn ich rumnörgle und sauer bin, und dann kommt der depressive Schwall: »Was soll das alles?«, die Berufsfrage – da gab es für mich in meinen Krisen und schweren Zeiten ganz wichtige Kriterien: »Werde ich jetzt irgendwie zynisch?«

Jeder hat solche Phasen, wo man alles nicht so ernst nimmt oder die Dinge mit einer gewissen Kritiksucht zensiert. Ich frage mich: »Bleibe ich in einem Zynismus hängen? Oder komme ich immer wieder zu einem inneren Frieden zurück?«

Ignatius spricht von der Unterscheidung der Geister und führt das Friedenskriterium ein: »Habe ich bei meiner Entscheidung Frieden und Fröhlichkeit?« Wenn das so ist, dann weiß ich noch nicht, ob das der absolut richtige Weg ist, aber es ist zumindest ein wichtiges Kriterium der Unterscheidung. Hast du mehr Frieden – dann tu es. Dann geh weiter.

Weißt du, dass Gott dich liebt?

Unsere Gemeinschaft hat sich in den letzten Jahren schon rein äußerlich sehr verändert. »Äußerlich«, damit meine ich nicht nur unsere Rolle hier im Kloster, sondern ganz besonders meine ich damit alle, die in die Gemeinschaft gekommen sind, um hier wahrhaft Gott zu suchen: Unterschiedlichen Alters, unterschiedliche Charaktere, unterschiedliche Männer finden zusammen, um ein gemeinsames Leben zu führen. Wir sind aufgerufen, uns daher immer wieder neu der Frage zu stellen, wer wir sind und wer wir vor Gott sind; wer wir für ihn sind und wer er für uns ist.

Wenn wir uns also gemeinsam aufmachen, um in unserem Leben Gott zu loben, ihm zu dienen und uns ihm hinzugeben, dann müssen wir uns auch die gemeinsame Frage stellen: Wohin geht der Weg? Wohin ruft uns und unsere Gemeinschaft Gott?

Diese Frage nach der Gegenwart und der Zukunft können und sollen wir uns meines Erachtens nur stellen, wenn wir eben auch die Frage nach unserer Vergangenheit, nach unserer Tradition – der Tradition unseres Ordens, der Tradition unserer Regel, der Tradition unserer Gemeinschaft stellen.

Wenn wir uns also die Frage nach unserer Identität stellen, dann fällt mir zunächst einmal die Identität ein, die mein Name aussagt: Wer bin ich? Ich bin Benedikt – ich bin Vinzenz –, ich bin Stefan und so fort. Auch als Gemeinschaft tragen wir einen Namen: Ich bin Benediktiner – oder: Ich bin Benediktinermönch!

Was bedeutet es, Benediktiner zu sein? Ich selber habe mir meinen Namen nicht ausgesucht wegen des Heiligen Benedikt;

ich habe ihn mir ausgesucht (aussuchen dürfen!), weil dieser Name in sich schon ein Programm ist: BENE-DICERE, gut heißen, segnen, lobpreisen. Wie oft wird das in der Heiligen Schrift von Gott gesagt, dass er segnet: das Land segnet, die Erde segnet, die Menschen segnet, dass er sie alle »gut heißt«, dass er seine Hand über alles hält!

Zu Abraham, dem Vater unseres Glaubens, sagt Gott: Ein Segen sollst du sein! Wenn wir uns also aufmachen und unter den vielen, vielen Möglichkeiten, Gott zu suchen, ein Leben mit Gott zu führen und dafür die benediktinische Weise wählen, dann glaube ich, dass es wesentlich dazugehört, auch zu tun, was der Name sagt: Im Glauben zu segnen! Das Wort Gottes an den Vater des Glaubens, Abraham, gilt für einen jeden von uns: Ein Segen sollst du sein!

Gott sagt »Ja«! zu uns; Gott sagt »Ja«! zu mir, egal, mit welcher Geschichte ich hier stehe, egal, wer ich bin! Gott sagt »Ja«! zu mir! Wenn er nicht »Ja«! zu mir sagen würde, wäre ich nicht! Das scheint eine Binsenweisheit zu sein; doch nicht nur aus der Psychologie, sondern gerade in der geistlichen Begleitung erkennen wir immer wieder, wie schwer es ist, dass die meisten Menschen sich wirklich annehmen können und zu erkennen und zu erfahren, dass sie geliebte Kinder Gottes sind!

Ignatius von Loyola nennt in seinen Exerzitien diese Erfahrung, dieses Wissen »geliebte Sünder Gottes« zu sein, das Fundament unseres Lebens und unseres Glaubens schlechthin. Je tiefer ich wirklich erfahre, dass ich, der ich ein Sünder vor Gott und den Menschen und vor mir selber bin, dass ich als eben dieser Sünder von Gott geliebt bin, umso mehr kann Vertrauen wachsen. Das

Vertrauen in die Liebe Gottes, die mich dann mehr und mehr ergreifen und erfassen kann, so dass ich selber mehr und mehr in diese Liebe gewandelt werde.

Wahres, gesundes Selbstvertrauen rührt von dem fundamentalen Wissen her, dass ich der Quelle meines Lebens, dem Ursprung meines Lebens, dem Schöpfer und Erhalter meines Lebens vertrauen darf. Ich bin angenommen von ihm, ich bin gutgeheißen von ihm, ich bin gesegnet von ihm! Jede Sünde beginnt damit, dass dieses absolute Vertrauen in die Zusage Gottes erschüttert wird und in Misstrauen umschlägt.

Wenn wir als unterschiedliche Individuen mit unserer je eigenen Geschichte zusammenkommen, um ein gemeinsames Leben zu führen, das sich ganz dem Licht Gottes öffnet, dann sollen und müssen wir uns gegenseitig auf diese Frage aufmerksam machen: Weißt du, dass du von Gott geliebt bist?! Der Heilige Benedikt schreibt im Prolog seiner Regel, dass wir Arbeiter im Weinberg Gottes sein sollen, und ich finde diese Stelle wunderbar, in der es heißt: »Wenn du den Ruf Gottes hörst und dann antwortest: Ich!, dann sollst du diesen Weg bereitwillig gehen!« Es ist erstaunlich, dass diese hohe Anerkennung der Individualität schon in der Regel an so bedeutender Stelle zu finden ist! »Ich – ich! – bin geliebter Sünder vor Gott!«

Mir scheint es nun konsequenterweise die wichtigste Aufgabe innerhalb einer Gemeinschaft zu sein, dass wir uns eben diese tiefe, tiefe Glaubenswahrheit gegenseitig sagen: »Angenommen! Du bist bejaht, du bist geliebt von Gott und – so gut ich es kann – von mir!«

Fürchtet euch nicht!

Mitten in der Nacht beginnt der neue Tag.

Mitten in der Nacht ist die Wende zu einem neuen Schöpfungsmorgen. Niemand hat es gesehen. Niemand kann uns bezeugen, wie es geschah.

Fürchtet euch nicht! Ich weiß, ihr sucht die Hoffnung, die ihr selbst zu Grabe getragen habt.

Fürchtet euch nicht! Ich weiß, ihr sucht den Beweis, dass die Sinnlosigkeit euch nicht getäuscht hat.

Fürchtet euch nicht! Ich weiß, ihr sucht die Bestätigung eurer zerbrochenen Sehnsucht, euren vernichteten Glauben, eure enttäuschte Hoffnung, eure gemarterte Liebe. Ich weiß, was ihr sucht, ich weiß, wen ihr sucht: ihr sucht Jesus, den Gekreuzigten! Nur haltet euch nicht bei dem Toten auf! Haltet nicht fest an euren enttäuschten Hoffnungen, zerschmetterten Sehnsüchten, vergeblichen Lieben! Lasst sie los, die erfahrenen Sinnlosigkeiten!

Ihr sucht Jesus, den Gekreuzigten! Er ist auferstanden, wie er gesagt hat. Er hat es gesagt, und er steht zu dem, was er gesagt hat. Seit diesem Tag hat euer Leben einen neuen Sinn.

Das Weizenkorn eurer Sehnsucht ist aufgegangen. Liebe erblüht zu neuem Leben. Hoffnung ist wahr und erstarkt. Euer Glaube trägt Frucht – vielleicht anders, als ihr ahntet, aber wirklich und neu.

Mitten in der Nacht beginnt der neue Tag.

Mitten in der Nacht ist die Wende zu einem neuen Schöpfungsmorgen. Im tiefsten Dunkel des menschlichen Herzens lebt der ewige Ruf Gottes: Fürchte dich nicht, freue dich!

Wer diesen Ruf vernimmt und im Herzen aufnimmt, dem geht ein Licht auf.

»Fürchte dich nicht« ist wie die Morgendämmerung nach einer durchweinten Nacht.

»Freue dich« ist die Botschaft des Ostermorgens.

Die neue Schöpfung hat begonnen, die Erfüllung göttlicher Verheißung für uns.

»Siehe, ich mache alles neu.«

Jesus ist auferstanden. Er ist nicht hier. Das Grab ist leer. Aufgrund der intensiven Erfahrung und der glaubwürdigen Botschaft einiger Menschen glauben auch wir daran, dass wir mit Christus auferstehen!

Beim Betrachten der Osterbotschaft beschäftigt mich das Phänomen, dass der Glaube an die Auferstehung an eine negative Aussage und an einen Auftrag an die Hörer gebunden ist: »Er ist NICHT hier.«

Er ist nicht hier. Glaube hat also zunächst etwas mit einer Leere, einer Unerfülltheit oder mit etwas Unbeweisbarem zu tun. Die Unerfülltheit: Er ist nicht hier, das erfordert von den Frauen am leeren Grab die Erfüllung des Auftrages des göttlichen Boten: »Geht schnell und sagt seinen Jüngern, er ist von den Toten auferstanden.«

Die Erfahrung des Todes erfährt hier eine verwandelte und verwandelnde Qualität. Die Frauen werden erfasst von dieser Botschaft des Engels. Sie nehmen sie auf. Es ist, als wenn mitten in der Nacht von einem Licht weitere angezündet werden – Lichter der Hoffnung auf den ersehnten Tag. »Sogleich verließen sie das Grab und eilten voll Furcht und großer Freude zu seinen Jüngern, um ihnen die Botschaft zu verkünden.

Die Spannung von Furcht und Freude kennt jeder, der schon einmal in der Nacht beim Schein eines kleinen Lichtes gewacht hat. So hat auch bei aller Freude über den Glauben an die Auferstehung Christi die Furcht des Unglaubens ihren Platz.

Plötzlich kam ihnen Jesus entgegen und sagte: »Freut euch!«

Plötzlich ist sie da – die Erfahrung der Begegnung mit dem auferstandenen Herrn wird für die Frauen zur Gewissheit ihres Glaubens: Ja, er ist wahrhaft auferstanden! Niemand kann diese

Glaubensgewissheit er-
zwingen, niemand kann
sie erkaufen, niemand sie
aus sich selbst heraus her-
vorbringen.

Aber auch den Jün-
gern wird diese Erfahrung
nicht einfach geschenkt,
sondern sie verlangt zu-
nächst ein, wenn auch
noch so kleines Vertrauen
und die Erfüllung des Auf-
trags: Sie sollen nach Gali-
läa gehen, und dort werden sie ihn sehen.

Glaube ist Gnade Gottes und das bereite Aufnehmen einer
unbeweisbaren Wahrheit und ein Erfüllen ihres Verkündigungs-
auftrages. Sind wir, wie die Frauen am Grab, bereit dazu?

Wir alle tragen kleine und große Erfahrungen von Leiden
und Tod in uns. Schwer ist es, zum Grab zurückzukehren, an das
Grab der Liebe, der Hoffnung, der Sehnsucht und des Glaubens.
Schwer ist es, solche Erfahrungen auszuhalten, noch schwerer
aber, sie loszulassen und auf Neues zu hören.

Doch Ostern ist wahr. Ostern ist keine zynische Anekdote
der Weltgeschichte. Ostern führt alles Leiden der Welt zu einer
verwandelten Wirklichkeit herauf. Das glaube ich, das will ich
aufnehmen und verkünden »voll Furcht und großer Freude«, bis
plötzlich auch mir »der Morgenstern erscheint, jener wahre Morgenstern, der in Ewigkeit nicht untergeht!«

Bist du es, dem ich vertrauen kann?

»Was erwartest du von der Zukunft?« Diese Frage berührt auch eine andere: »Was erwartest du dir von deinem Leben?« Die großen Fragen der Menschheit, der Welt, der Politik, Wirtschaft und Gesellschaft haben einen starken Einfluss auf mein persönliches Leben.

Wenn ich die Frage an mich richten lasse, dann bekommt sie noch mal einen anderen Charakter, eine andere Wertigkeit, einen anderen Klang als die Frage nach der Zukunft allgemein. »Was erwartest du dir von deinem Leben?«: Zufriedenheit, geglückte Partnerschaft, Gesundheit, Erfolg, Freiheit, Liebe, Treue?

Ich behaupte, dass man alle Antworten auf die Frage »Was erwartest, was erhoffst du dir von deinem Leben?« in dem einen Satz zusammenfassen kann: »Ich möchte glücklich sein!«

ICH jedenfalls möchte glücklich sein! Ich möchte mich freuen über das Leben, das ich leben darf, und diese Freude mit anderen erfahren und teilen.

Wenn Paulus von Freude spricht und dazu auffordert, sich jederzeit im Herrn zu freuen, dann ist das allerdings keine Freude, die ich selber produzieren, formulieren, erwecken, »machen« kann.

Wenn ich noch einmal die Grundfrage stelle: »Was erwartest du dir von deinem Leben?«, dann ist die Antwort des Paulus überraschend: Nicht Zufriedenheit, geglückte Partnerschaft, Erfolg oder Freiheit sind die erstrebenswerten Sinn-Ziele seines

Lebens; sondern der geheimnisvolle Grund seines Lebensglückes ist die Erwartung des Herrn: »Freut euch im Herrn zu jeder Zeit, denn der Herr ist nahe!«, schreibt er im Brief an die Philipper.

Was für eine Erfahrung, was für eine grundsätzliche Entdeckung steht hinter einer solchen »Lebensphilosophie«? Nicht WAS, sondern WEN erwartest du von deinem Leben?, steht als Frage vor dem nach Glück und Erfüllung Suchenden. Paulus lenkt also die Frage nach dem alles erfüllenden Sinn des Lebens auf die Personen-Ebene: »Freut euch im Herrn!«

Es ist das Wissen des religiösen Menschen, dass äußere und innere Glücks- und Freude-Erfahrungen naturgemäß begrenzt sind. Die Propheten und Apostel weisen immer wieder hin auf das wahre, ewige und unzerstörbare Glück: auf Gott und seinen Sohn, unseren Herrn Jesus Christus. Aber wir fragen ihn auch mit Johannes dem Täufer: »Bist du es, Jesus, der meinem Leben Sinn, Halt, Rettung, Erlösung, Hoffnung, Freude, Erfüllung gibt? Bist du es?« Jesus aber gibt dem Täufer keine klare Antwort, die ihn eindeutig als Erlöser dokumentiert. Wie tröstlich ist diese suchende, zweifelnde Gestalt Johannes des Täufers für jeden um den Glauben ringenden Menschen! Auch er muss einen dunklen Weg des Glaubens gehen!

Sinn-Suche ist nicht billig zu haben. Wer Jesus finden will, muss das Wagnis und die Anstrengung einer Beziehung eingehen: Mit Entschiedenheit lieben lernen, das ist unsere Berufung und Antwort auf unsere christliche Existenz.

In einer von liebender Sehnsucht bestimmten Beziehung geht es nicht darum, möglichst viel über den Anderen zu wissen. Das liebende Verhältnis geht über die eigene Person hinaus; sie sucht Vertrauen, verschenkt sich an den Anderen, sucht ihn immer mehr: »Bist du es?« Schriftlesung, persönliches Gebet, Feier der Liturgie, gemeinsamer Glaubensaustausch sind Hilfen, das Interesse, die Sehnsucht, ja die Liebe zu Jesus zu nähren und zu fördern.

So möchte ich beten: »Bist du es, der da kommen soll, Jesus? Und wenn du es bist, so hilf mir, dich immer mehr zu suchen! Entzünde in mir die Sehnsucht nach dir; halte wach in mir das Interesse an dir. Bist du es, Jesus, der da kommen soll zu mir, in mein Leben, als Freund, als Bruder, als Mutter, als Schwester, als mein Herr und mein Gott, als Erlöser und Befreier? Bist du es, der da kommen soll, dann lass mich deine Liebe erfahren und mich selbst Antwort sein! Bist du es, Jesus, der da kommen soll? Dann erwarte ich von dir meine Zukunft; dann lege ich mein Leben in deine Hand. Dann will auch ich den Menschen laut verkünden: Freut euch im Herrn zu jeder Zeit! Noch einmal sage ich: Freuet euch, denn der Herr ist nahe!«

Profess und Freiheit –
Ansprache an die Gott-Sucher

Lieber Bruder, mit der zeitlichen Profess bindest du dich für drei Jahre in Beständigkeit, klösterlichem Lebenswandel und Gehorsam, und wir binden uns an dich. Dass die genannten Bindungen und Versprechungen auch noch etwas mit Freiheit zu tun haben sollen, mag manchen verwundern. Doch ist es so.

Nach langem und hartem Ringen, nach intensiven Fragen und Suchen stehst du heute hier mit einer freien und verantwortlichen Entscheidung: im Abwägen der Argumente und Güter sagtest du mir, dass du nirgendwo wie im Kloster Gott suchen könntest. Damit signalisierst du auch und gibst Zeugnis davon, worauf es dir im Leben ankommt: Gott zu suchen. Für den Heiligen Benedikt und für die Mönchsväter ist genau dies das entscheidende Kriterium für die Aufnahme eines Bruders in die Mönchsgemeinschaft. Nicht äußere Leistungen und Tätigkeiten sind entscheidend, sondern das Gott-Suchen. Mit deiner Profess dokumentierst du, was Mönch sein wesentlich ist: Lebenslanges Gotteslob. Die Gelübde, die du gleich vor diesen Zeugen öffentlich in der Kirche ablegst, wollen dir die Freiheit zu dieser Gott-Suche ermöglichen. VACARE DEO: Frei sein für Gott. Gott-Sucher sind wir Mönche, weil wir uns nach Christus sehnen, nach seiner Liebe, nach seiner Güte, nach seinem Joch, das er selbst milde und nach seiner Bürde, die er selbst leicht nannte. Gesetze, Ordnungen, Regeln, Disziplin, Gehorsam – all diese Stricke, die der Welt als Hindernisse für die freie Selbstentfaltung und Selbstverwirklichung erscheinen –, sie sind für den wahren Gott-Sucher Hilfen um Christi willen, nämlich Liebe, Frieden und Einheit zu verwirklichen.

Mag es in der Geschichte des Mönchtums viele Fehlentwicklungen und menschliche Katastrophen gegeben haben: Ich glaube, dass das wahre und gelungene Mönchsein wahres und gelungenes Menschsein bedeutet. Wer ein frohes und freies Leben sich wünscht, mit Tiefgang und in dankbarer Haltung seinem Schöpfer gegenüber, wird sich nicht für ein Leben entscheiden, das sich den Zwängen tausendfacher Wahlmöglichkeiten unterwirft. Dem Leben einen Sinn geben heißt, sich entscheiden, weniger Wichtiges wegzulassen, sich an dem zu erfreuen, was da ist, seine Fähigkeiten und Talente entfalten, Chancen und Gefahren eigener Seelenkräfte zu erkennen, zu favorisieren und kultivieren. Das ist es, was die Väter Askese nannten. Es ist der Weg der Selbsterfahrung und Selbsterkenntnis im Lichte Gottes.

Das mag alles ideal und schön, zu schön klingen. Der Alltag mit seinen Tücken, Banalitäten, Schwierigkeiten und Herausforderungen scheint erfahrungsgemäß weit von diesem idealen Mönchsbild entfernt zu sein. Doch ist es gerade der Alltag mit seinen Begegnungen und Erfahrungen, der uns auf so viele Weise auf das große Ziel unseres Lebens hinweist, ausrichtet und stärkt.

Die sinnstiftende Frage für den Christen muss in jedem Augenblick lauten: Was führt mich mehr zum Lieben, zum Frieden, zur Einheit mit Christus? Die Chance für uns Mönche liegt gerade in unserer Lebensform, im Rhythmus von Gebet, Meditation, Studium der Heiligen Schrift, Arbeit und Begegnung, dass wir uns dieser Frage intensiver als andere stellen können.

Um der Liebe Christi willen unterstellen wir uns der Regel und den Oberen. Um der Liebe Christi willen ist das Gesetz und das Gebot aber auch zu hinterfragen. Am Ende meines Lebens steht einmal nicht die Frage, ob wir unseren Prinzipien, sondern ob wir der Liebe treu gewesen sind.

Gerade hier braucht es die Gabe der Unterscheidung der Geister, die Discretio, die von Benedikt »Mutter aller Tugenden« genannt wird. Gerade hier braucht es aber auch die Gemeinschaft, die sich die Verwirklichung der Christus-Liebe zum Ziel und Maß stellt. Gemeinsam suchen und fragen, aufeinander hören. Die gemeinsame Blickrichtung und die gegenseitige Korrektur, Erinnerung, worauf es ankommt, das sind die Chancen unseres benediktinischen Lebens.

Sieh deine zukünftigen Aufgaben als Herausforderungen an, die dich reicher und reifer machen wollen. Hüte dich vor den Vergleichen. Die Liebe vergleicht nicht, sie liebt. Die alles erfüllende Freiheit der Liebe: Ich wünsche sie uns allen durch die Gnade Christi.

Zweifel in der Nacht

In die Zeit der Sonnen-Wende hat die Kirche das Gedächtnis der Geburt des Erlösers der Welt gesetzt. Die Macht der Finsternis muss dem Licht weichen. Auf dem Gipfel der Not wendet sich plötzlich das Schicksal der Menschen: »Gott wurde Mensch, damit der Mensch Gott werde«, so beschreibt im 4. Jahrhundert Athanasius von Alexandrien das Geheimnis der Heiligen Nacht.

Gott wurde Mensch, damit der Mensch Gott werde. – Gott wurde Mensch, um den Menschen von seiner Selbstvergötterung und damit von seiner Selbstverlorenheit zu befreien. Die durch die Sünde verzerrte Gottesebenbildlichkeit wird in der Weihnacht durch die Geburt des Gott-Menschen Jesus Christus in seiner ursprünglich göttlichen Schönheit wiederhergestellt.

Für unseren Glauben bedeutet die Geburt Jesu eine grundlegende Erneuerung, ja Heiligung der Menschheit sowie des einzelnen Menschen. Mit dieser heiligen Nacht sind die Gläubigen eingeladen, sich dem neuen Lebensimpuls einer geheilten Schöpfung zu stellen und sie neu anzunehmen.

Manchen aber kommen Zweifel: Zweifel, beispielsweise, ob Jesus wirklich wahrer Gott und wahrer Mensch gewesen ist; oder warum trotz unserer Glaubensbemühungen, trotz unserer Gebete und vielleicht sogar Opfer, dennoch so manches Leid unser persönliches Leben trifft. Wir verstehen manche dieser Geheimnisse nicht oder noch nicht, und doch ahnen wir: In Gott selbst muss ein Geheimnis sein, das auch uns Menschen erreicht und gleichzeitig Geheimnis bleibt.

Doch keine Angst vor Zweifeln! Zweifel, auch Glaubenszweifel, können uns helfen, Dämonisches oder Un-Sinniges vom Wunderbaren zu unterscheiden. Glauben ist nicht ein Wissen; Zweifel ist nicht gleich ein Unglaube. Der Zweifel in unserem Glauben kann uns stärker auf Gott hinweisen, dass nämlich unsere Beziehung zu ihm Raum zur Entwicklung bietet. Darin liegt eine Dynamik, die dem Glauben neues Wachstum verleiht.

Die Frage nach Zweifel und Leid taucht auch schon in der Kindheitsgeschichte Jesu auf. Wie jede Geburt Leiden und Freude mit sich bringt, so bringt auch das Gnadengeschenk der Geburt Christi nicht nur Freude, sondern auch Leiden mit sich, das auf Golgatha seinen Höhepunkt erfährt und im Licht der Auferstehung seine endgültige Erlösung und ewigen Glanz. Der Gottmensch Jesus Christus selbst bleibt also nicht von menschlichem Leid verschont. Indem er es annimmt und die Sünden der Menschen trägt, erlöst er die Welt.

So wie sich jeder Mensch in seinem Leben von der Geburt bis zu seinem Tod entwickelt und verschiedene Entwicklungsstufen mitmacht, so ist es auch mit dem Glauben. Er ist nichts Statisches; er will wachsen wie das Leben selbst. Jede menschlich-seelische Lebendigkeit verlangt einen Miteinbezug der Bitternisse unseres Schicksals. Wenn wir die Dunkelheiten, die Zweifel und Schatten unseres Lebens ablehnen, verweigern wir uns unter Umständen neuen Lebensimpulsen und damit dem Leben selbst.

War denn also das Schicksal Jesu ein anderes als unseres? Die Vereinigung von Himmel und Erde, von Licht und Schatten, von Leben und Tod, von Glauben und Unglauben, von Lebendigkeit und Bitternis, von Gott und Mensch, kann nur gelingen,

wenn wir sie als na-
türliche, das heißt
unserer Natur ent-
sprechenden Span-
nungsbögen tragen
lernen. »Wahrer Gott
und wahrer Mensch«,
diese Glaubensaussa-
ge über Jesus Christus
als den Retter der
Welt ist ein solch le-
bendiger Spannungs-
bogen, der die Ver-
söhnung zwischen
Gott und den Men-
schen durch eben
dieses Kind andeuten
soll. »Wahrer Gott

und wahrer Mensch« hebt durch Christus den unüberbrückbaren
Gegensatz zwischen Gott und den Menschen auf und öffnet uns
Menschen so den Weg zum göttlichen Wesen.

Aber was können wir tun für die Vereinigung von Himmel
und Erde? Wenn wir die Geburt Jesu Christi als ein Geheimnis des
Glaubens erkennen, das sich auch in unserem Leben ereignen will
– nämlich in unserer Seele und in unserem Herzen –, dann brauchen wir nur auf die Gottesmutter Maria zu schauen, die uns im
Glauben ein Vorbild ist. Wie sie das Kind stillt und pflegt, so will
auch das Göttliche in uns genährt und gepflegt werden.

Wenn wir glauben trotz – oder besser: mit – all unseren Zweifeln, dass Gott in uns Mensch werden will, dann müssen auch wir ihn hegen und pflegen, damit er in uns wachsen kann. Das Geschenk der Gottesgabe ist immer auch eine Verpflichtung. Jede und jeder muss ihre oder seine Ausdrucksform zum göttlichen Kind finden. Maria ernährt den, der uns Menschen Nahrung gewährt. Maria geleitet den zum Leben, der uns selbst das Leben geschenkt hat.

Darin besteht unser Anteil zur Versöhnung zwischen Gott und Menschen: Dass wir Gott schenken, was er uns selbst gewährt: Liebe, Zuwendung und Aufmerksamkeit.

Gott ist nicht nur Herr und Schöpfer aller Kreatur; er ist seit jener Nacht in unser menschliches Dasein gekommen. Er ist jetzt bei uns, er ist in uns. Aus unserer Einsamkeit und Selbstverlorenheit sind wir erlöst durch die Nähe, ja durch die Gegenwart Gottes in unserem Leben. Wir sind nicht mehr allein! Unsere Einsamkeit ist aufgehoben dadurch, dass wir hinein genommen sind in das göttliche Leben.

Das Geheimnis der Heiligen Nacht können wir letztlich nicht entschlüsseln und mit dem Verstand ergründen. Doch sie enthält für jeden von uns die frohe und befreiende Botschaft: »Gott wurde Mensch, damit der Mensch Gott werde!« Schämen wir uns nicht unserer Zweifel! Erkennen wir in der Menschwerdung und im Leid Christi seine Solidarität mit unserem Leiden! Dann können wir uns in der Heiligen Nacht mitnehmen und begeistern lassen von der Freude des Glaubens, der Hoffnung und der Liebe. Das Kind, der Sohn Gottes, ist uns in allem, was Mensch-Sein ausmacht und kostet, vorausgegangen und hat so in uns die Gotteskindschaft befreit und erneuert.

Drei Versuchungen

Am Anfang des Weges, den Jesus nach Jerusalem hinaufgeht, steht die Abwehr des Bösen. Drei Versuchungen stehen im Wege:

Die erste Versuchung besteht darin, nur vom Brot allein leben zu wollen. Dagegen setzt Jesus das Leben aus dem Wort Gottes.

In der zweiten Versuchung gilt es zu wählen zwischen der eigenen göttlichen Herrlichkeit und der Erfahrung, dass Gott inmitten von Leiden und Sinnlosigkeit, von Unverständnis und Ablehnung einen unerschütterlichen Halt gibt.

Der dritten Versuchung, alles für die weltliche Pracht und die politische Macht zu tun, setzt Jesus das Maß aller Dinge entgegen: Gott allein erweist sich als der Starke. Ihn allein sollst du anbeten! Ihm allein sollst du dienen.

Die drei Versuchungen Jesu sind auch unsere Versuchungen.

DER HEILIGE BENEDIKT VON NURSIA

Sein Name heißt übersetzt: »Der Gesegnete«. Er gilt als »Vater des abendländischen Mönchtums«. Auf ihn gehen viele Klostergründungen zurück; das berühmteste ist jenes auf dem Monte Cassino in Italien.

Um 480 im kleinen mittelitalienischen Ort Nursia (heute Norcia) geboren, geht Benedikt als junger Mann aus seiner Heimat fort, um in Rom zu studieren. Aber das Großstadtleben widert ihn an. Er verlässt Rom und zieht sich drei Jahre lang in eine Höhle bei Subiaco zurück. Ein Mönch aus einem nahe gelegenen Kloster versorgte den Einsiedler mit Nahrung, die er an einem Seil in die Höhle hinablässt. In dieser Zeit wird Benedikt bewusst, dass Büßen und Fasten nicht alles ist: Einen Mittelweg will er finden.

Die Klostergemeinschaft von Vicavaro bittet Benedikt, ihr Vorsteher zu werden. Benedikt bemüht sich, aus den Mönchen eine Gruppe von Männern zu machen, die ernsthaft Gott suchen. Seine Grundregel lautet: »Beten und arbeiten« (auch wenn sich dieses bekannte benediktinische Motto wörtlich bei ihm nicht nachweisen lässt). Die Klostergemeinschaft soll sich siebenmal am Tag zum Gebet in der Kirche versammeln. Die andere Zeit wird gearbeitet: auf dem Feld, in der Werkstatt, in der Küche, in der Schreibstube.

Was wir von Benedikt historisch wirklich wissen, ist begrenzt, denn einzige Quelle seiner Biographie ist die Lebensbeschreibung aus der Feder Papst Gregors I., die er rund 50 Jahre nach Benedikts Tod verfasste. Es ist nicht verwunderlich, dass dadurch viel Legendarisches zusammengetragen wurde.

So soll das strenge Klosterleben einige Mönche sehr verärgert haben. Sie planen, Benedikt umzubringen, indem sie sein Essen vergiften. Einmal geben sie die tödliche Substanz in den Wein – doch der Becher zerbricht, als Benedikt den Segen darüber spricht. Ein anderes Mal mischt man Gift in sein Brot – doch ein Rabe trägt es fort, bevor der Heilige davon kosten kann. Solche Legenden wollen wohl sagen: Zwar stellen sich einige Benedikts Bemühungen entgegen, doch er setzt sich durch!

Benedikt gründet mehr als zwölf Klöster; das berühmteste ist Monte Cassino. Er hat eine Zwillingsschwester, die Nonne Scholastika. Sie gründet ebenfalls ein Kloster. Die beiden Geschwister, die Nonne und der Mönch, sind nebeneinander in Monte Cassino begraben.

Benedikt stirbt am 21. März 547, dem Gründonnerstag dieses Jahres. Sein Namensfest alljährlich am 11. Juli geht auf das 8. Jahrhundert zurück, in welchem seine Reliquien nach Frankreich übertragen worden sein sollen. Heute geht die Forschung aber davon aus, dass sich Benedikts Grab, wie auch das seiner Schwester Scholastika, nach wie vor auf Monte Cassino befindet. Die dortige Abtei wurde im 2. Weltkrieg fast völlig zerstört. Anlässlich der Wiederweihe im Jahr 1964 erhob Papst Paul VI. Benedikt zum »Schutzpatron Europas«.

»Es lebte ein verehrungswürdiger Mann. Er hieß Benedictus. Der Gnade und dem Namen nach war er ein Gesegneter. Schon von früher Jugend an hatte er das Herz eines reifen Mannes, war er doch in der Lebensweise seinem Alter weit voraus. Dem bösen Begehren gab er sich nicht hin. Solange er auf dieser Erde lebte, hielt er die Welt in ihrer Blüte schon für verdorrt, obwohl er sie eine Zeit lang ungehindert hätte genießen können.

Er stammte aus angesehenem Geschlecht in der Gegend von Nursia. Zu Ausbildung und Studium wurde er nach Rom geschickt. Dabei sah er viele in die Abgründe des Lasters fallen. Deshalb zog er den Fuß, den er gleichsam auf die Schwelle zur Welt gesetzt hatte, wieder zurück, damit nicht auch er von ihrer Lebensart angesteckt werde und so schließlich ganz in bodenlose Tiefe stürze. Er wandte sich also vom Studium der Wissenschaften ab und verließ das Haus und die Güter seines Vaters. Gott allein wollte er gefallen, deshalb begehrte er das Gewand gottgeweihten Lebens. So ging er fort: unwissend, doch erfahren; ungelehrt, aber weise.«

Beginn der Lebensbeschreibung Benedikts von Papst Gregor dem Großen

Sechs Tage vor seinem Tod ließ er sein Grab öffnen. Bald darauf befiel ihn hohes Fieber, und große Hitze schwächte ihn. Von Tag zu Tag verfielen zunehmend seine Kräfte. Am sechsten Tag ließ er sich von seinen Jüngern in die Kirche tragen; dort stärkte er sich durch den Empfang des Leibes und Blutes unseres Herrn für seinen Tod. Er ließ seine geschwächten Glieder von den Händen seiner Schüler stützen, so stand er da, die Hände zum Himmel erhoben, und hauchte unter Worten des Gebetes seinen Geist aus.

Aus der Lebensbeschreibung Benedikts von Papst Gregor dem Großen

Zum Patron Europas

Heiliger Benedikt, Vater des Abendlandes, führe die europäischen Völker zurück zum Kreuz, zum Buch, zum Pflug, zu christlicher Bildung, zu unverdrossener Arbeit. Lehre sie, einander in Ehrerbietung und Hochschätzung zuvorzukommen. Führe sie zur vollendeten Einheit in Christus Jesus, in dem sie allein ihre letzte Erfüllung finden.

Papst Paul VI. in Monte Cassino am 24.10.1964

Gebet des heiligen Benedikt

Verleihe mir, ich bitte dich, gütiger und heiliger Vater,
einen Verstand, der dich versteht,
einen Sinn, der dich wahrnimmt,
ein Gemüt, das an dir Wohlgefallen findet,
einen Eifer, der dich sucht,
eine Weisheit, die dich findet,
einen Geist, der dich erkennt,
ein Herz, das dich liebt,
eine Seele, die an dich denkt,
ein Tun, das dich verherrlicht,
Ohren, die dich hören,
Augen, die dich sehen,
eine Zunge, die dich preist,
einen Wandel, der dir wohl gefällt,
eine Geduld, die dich erträgt,
eine Beharrlichkeit, die dich erwartet,
ein vollkommenes Lebensende,
deine heilige Gegenwart,
eine glückselige Auferstehung und das ewige Leben. Amen.

Dem seligen Alkuin (+ 804),
Theologe am Hof Karls des Großen, zugeschrieben

KAPITEL III

»Herr und Diener
dieses Tempels«

Was es bedeutet, ein Abt zu sein –
Zu Hause an einem besonderen Ort

DAS DRITTE GESPRÄCH

Georg Schwikart: *Offensichtlich hatten Sie ja ein Stück Frieden gefunden, als Ihnen klar wurde:* »Ich werde Benediktiner!« *Sie sind weitergegangen. Könnten Sie vielleicht einmal kurz schildern, welche Stationen auf dem Weg lagen?*

Abt Benedikt: Als fleißiger Student habe ich in Paderborn mein Vordiplom absolviert und bin dann im August 1982 nach Meschede gegangen, ohne ein Freisemester zu nehmen. Ich ging ins Kloster, ins Noviziat und studierte dann in Münster weiter. 1983 war zunächst die zeitliche, 1986 dann die feierliche Profess. 1987 die Diakonweihe, 1988 schließlich meine Priesterweihe. Im Anschluss an das Diplom in Theologie absolvierte ich eine Ausbildung in Tai Chi. Danach durfte ich in Heidelberg die Ausbildung zum Krankenhausseelsorger anhängen. Ich lebte damals in Hannover, in der Neugründung Cella St. Benedikt. 1990/1991 kam ich ein Jahr zu einem Jesuiten, um das innere Gebet zu vertiefen. Später wurde ich in Meschede Novizenmeister. Das habe ich ein paar Jahre lang ausgeübt.

Sie waren erst zwölf Jahre lang Mönch, als Sie Abt wurden.

Damals war ich wirklich sehr jung – mit viel Elan! Nach acht Jahren war meine erste Amtszeit vorbei, ich bin dann wiedergewählt worden.

Wie sind Sie denn eigentlich aus dem Sauerland
ins Heilige Land gekommen?

Die Mönche der Dormitio-Abtei hatten eine Anfrage gestellt, ob ich mir vorstellen könnte, als Abt hier auf Zion in der Dormitio zu kandidieren. Wegen Personalmangels suchte man in Deutschland nach einem Abt. 1994 bin ich zwei Mal hier zu Besuch gewesen. Am 4. August 1995 wählten mich die Mönche zu ihrem Abt, und am 3. November 1995 empfing ich die Abtsweihe durch den damaligen Patriarchen von Jerusalem Michel Sabbah. Am Tag darauf wurde Jitzchak Rabin ermordet.

Da wussten Sie gleich, wo Sie hingeraten sind. Sie sind seither zu Hause in Jerusalem. »Jerusalem war immer schon eine schwere Adresse«, haben Sie einmal die Schriftstellerin Angelika Schrobsdorff zitiert. Sie leben mit Ihrem Kloster eben nicht im grünen Sauerland, sondern als deutschsprachige und katholische Christen auf dem Zionsberg.

Das Benediktinische ist nachempfunden der Apostelgeschichte der Urgemeinde, das ist unser Vorbild. Die frühen Christen waren die ersten »Kommunisten«: Alle hatten alles gemeinsam. Jeder sollte genau bekommen, was er wirklich braucht. Und hier auf dem Zionsberg ist sozusagen der Geburtsort der Christenheit, die Wiege des Christentums. Wen würde das nicht reizen, direkt neben dem Abendmahlssaal zu leben? Der Auferstandene trat hier in die Mitte seiner Jünger und sprach: »Der Friede sei mit euch!«
Heute würde ich sagen: Gut, dass man nicht alles weiß, was auf einen

zukommt. Die Faszination, die Romantik dieses Ortes sind das eine, die Realität oft genug etwas anderes. Als ich herkam, war ich der Jüngste mit 37 Jahren, der nächste war 60! Dann kamen die über 70- und die über 80-Jährigen. Oder, eine andere Frage, wie sieht die wirtschaftliche Situation aus? Wir haben kein Kloster in Deutschland, das uns finanziell unter die Arme greift – wie kann man da überleben? Man hatte sich einen jungen Abt gesucht. Das Kloster hatte eine große kulturelle Ausstrahlung und einen hohen Bekanntheitsgrad – und plötzlich machte der neue Abt manches anders. Oft hatte ich das Gefühl, es läuft nach dem Motto: »Wasch mich, aber mach mich nicht nass!« – In den ersten Jahren bekam ich ein dickes Magengeschwür. Es ging mir nicht gut. Da hat mich wirklich der rote Faden gehalten: Ich bin Benediktiner! Ich bleibe treu. Das mag sich sehr fromm anhören, aber gerade da trägt der Glaube. Da ist auch Freundschaft wichtig, auch Supervision, Psychologie und der Beichtvater. Ich habe die nötige Offenheit gehabt und gute Gesprächspartner und Berater. Dafür bin ich Gott dankbar!

Fühlten Sie sich gut vorbereitet auf Ihre Aufgabe als Abt?

In dieser fremden Stadt, mit fremden Menschen, fremden Religionen, einer fremden Sprache – ich kam mit einem Küchenenglisch hierher, das bis heute nicht wesentlich besser geworden ist – musste ich mich fragen: Was will ich hier? Wer bin ich hier? Viele Jahre habe ich hier Traumarbeit geleistet, also meine Träume aufgearbeitet.
Einen Traum hatte ich bereits während meiner Noviziatszeit in Deutschland: Ich befinde mich in einem großen Raum mit einer großen Kuppel, da kommt mir eine schöne Frau entgegen und reicht mir

ein Vlies. Ich habe damals am nächsten Morgen im Lexikon nachschauen müssen, was das Vlies symbolisiert. Viele Jahre später, als ich dann hier auf den Zion komme und die Kirche betrete, da weiß ich: Das ist

der Raum! Das ist das Heiligtum, auf den der frühe Traum und das Vlies mich hinwiesen.

Im Traum nehme ich also das Vlies entgegen und will das Heiligtum wieder verlassen, aber die Wächter versperren mir den Weg, ich dürfe nicht gehen. »Ich bin ein freier Mensch!«, entgegne ich. Da führen mich die Wächter zum Eingang des Tempels und zeigen mir zur rechten Seite einen Hügel, auf dem drei leere Kreuze stehen. Ich gehe zurück und weiß: Ich kann nicht gehen, ich selbst bin Herr und Diener dieses Tempels. Als ich 1994 wieder die Dormitio-Basilika besuchte, wusste ich sofort: Das ist der Ort!

Herr und Diener gleichzeitig?

Der Abt soll den Eigenarten vieler dienen. Er hat den Gehorsam am meisten zu leisten. Er soll jeden Einzelnen nehmen, wie er ist, er darf nicht alle über einen Kamm scheren. Er soll jeden individuell fordern und fördern.

Sind Sie denn mittlerweile hier zu Hause?

Das Zuhausesein meint ja nicht nur den Ort, sondern auch die Gemeinschaft. Wir haben hier in Jerusalem dieses Haus und eines in Tabgha am See Genezareth, beides Orte, die mit Brot zu tun haben. Das, was das Leben nährt: Abendmahl und Brotvermehrung. Und im Letzten fördert genau dieses das innere Gefühl vom Zuhause-Sein bei sich selbst, vom Ankommen bei sich selbst.
Hier war ich mit 37 Jahren der jüngste aller Mönche. In Jerusalem und Tabgha waren wir insgesamt neun Brüder. In den folgenden Jahren hat es sich gut entwickelt, so dass wir heute, 2008, wieder 23 Brüder sind, bis zum Postulanten runter. Wir haben ja noch eine Vertretung in Hildesheim aufgemacht.

Unterscheidet sich das Mönchsleben, ob man in Deutschland oder in Israel im Kloster ist?

Man braucht, um hierher zu kommen, zwei Berufungen. Erstens Benediktiner zu sein, beziehungsweise werden zu wollen. Und zweitens Begeisterung für das Land. Die Prioritäten dürfen aber nicht umgekehrt sein. Wer in erster Linie kommt, weil er Israel liebt, das Land Jesu, das Land der Bibel und so weiter – das trägt nicht. Da bist du innerhalb weniger Monate oder Jahre so geerdet; wenn dann nicht das geistliche Leben, die benediktinische Spiritualität an erste Stelle gerückt ist, dann trägt es nicht.

Was trägt denn?

Auch im Kloster bleiben einem die Tränen und die Einsamkeit und die Enttäuschung über sich und andere nicht erspart. Ganz im Gegenteil. Wir sind ja nicht zusammen, weil wir uns alle so toll finden, sondern weil wir ein gemeinsames Ziel haben. Die gemeinsame Ausrichtung, darauf kommt es an. Und dabei in diesem Rhythmus, im Gleichmaß des Alltags, im liturgischen Jahr – so alt zu werden, dafür bin ich sehr, sehr dankbar. Die Schönheit und den Reichtum der Liturgie zu erleben, das ist wunderbar, hier in Jerusalem auch den Reichtum der anderen verschiedenen Liturgien – da bin ich wirklich dankbar, katholisch zu sein. Das ist keine Spitze gegen die anderen Kirchen, ich merke einfach, wie sehr mir das Katholische zusagt und eigen ist.

Das Katholische kann man aber auch auf vielerlei Weise leben.

Deswegen bin ich ja Benediktiner! Das Benediktinische lebt vom Gleichmaß, bloß keine Übertreibungen. Benedikt warnt vor Übertreibungen. Nicht zu viel beten, nicht zu viel arbeiten. Es gibt welche, die sich vor der Arbeit drücken und nur noch über dem Boden schweben, und es gibt die Workaholics. Das Benediktinische lebt in gesunden Spannungsbögen. Ora et labora, schweigen und reden, Klausur und Weltzugewandtheit – wenn auch heute der Begriff Klausur mit Internet, Telefon und Fernsehen neue Fragen aufwirft. Aber da muss jedes Kloster für sich austarieren, was das rechte Maß ist. Wir müssen hier anders leben als das deutsche Kloster auf der grünen Wiese. Wir sind ein Stadtkloster, wir sind Ausländer und religiöse Minderheit. Da müssen wir ganz andere Maßstäbe finden, wie wir unser Leben

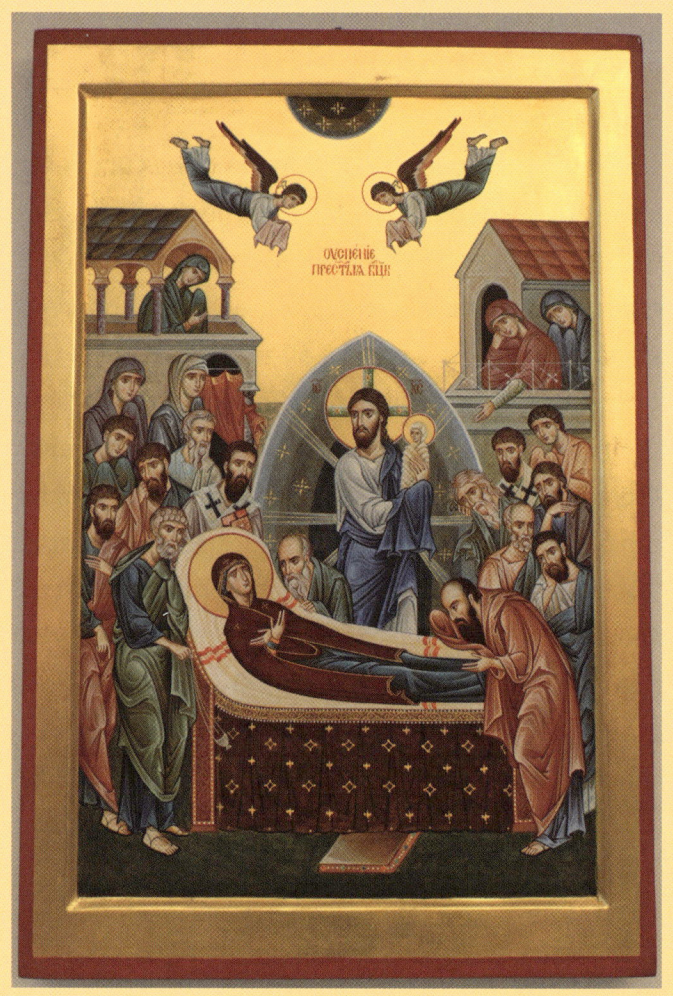

ausbalancieren. Das macht die Kraft des Benediktinischen aus, dass es da nicht nur einen Einheitsschnitt gibt, sondern dass jedes Kloster seinen Weg findet. Wir als Kloster Dormitio sind eigenständig. Wir leben wie Hunderte andere Klöster unter der Regel Benedikts, aber wer wir sind, entscheidet sich auch an dem Ort, an dem wir leben. Und da hat Benedikt große Offenheit gezeigt.

Sie passen also die große Idee den Gegebenheiten
von Zeit und Ort an?

Ein Beispiel: In seiner Regel sagt Benedikt, die Mönche sollen sich keine Gedanken machen über Art und Farbe des Stoffs ihres Habits. Wir meinen immer, Benediktiner müssen doch schwarz gekleidet sein – müssen wir gar nicht. Wenn wir grau hier finden, müssen wir eben grau tragen.

Da hat Benedikt eine viel größere Weite, da ist er viel pragmatischer als wir mit unseren eingefahrenen Vorstellungen, das jetzt alles genau so und so laufen muss. Das geht gar nicht. In Tabgha am See Genezareth bei 40 Grad und 200 Metern unterm Meeresspiegel kann man gar nicht genauso leben wie wir hier in Jerusalem, 700 Meter überm Meeresspiegel, in einer ganz anderen Klimazone. Wenn man da den gleichen Maßstab anlegt, dann ist das keine Gerechtigkeit. Wie heißt es in der Apostelgeschichte: Jedem wurde das gegeben, was er brauchte, was ihm zustand.

Ihnen fällt ja eine besondere Verantwortung zu für die
Gemeinschaft. Sie treffen Entscheidungen. Aber beispielsweise
nehmen Sie nicht jeden Kandidaten auf oder Sie müssen auch
manchmal jemanden wieder wegschicken. Wie gehen Sie mit
dieser Verantwortung um?

Es gibt auch einen Rat aus Mönchen, mit denen ich viele Fragen erörtere, aber es gibt tatsächlich auch die einsame Entscheidung. Das Wissen um etwas, das du nicht an die große Glocke zu hängen hast. Die einsame Entscheidung, aus Diskretion und Rücksicht und Ehrfurcht, auch Wahrhaftigkeit, die einen geschützten Rahmen braucht. Und dann fällst du eine Entscheidung, die ein Großteil der Brüder vielleicht nicht versteht. Das sind schwere Stunden, schwere Entscheidungen. Auch da nicht zu verzweifeln, da nicht den Rückzug anzutreten und bockig zu werden, da die Last des Kreuzes, der Einsamkeit zu übernehmen, das gibt es auch.

Gibt es da Krisen?

Ich stelle mir, wenn's Krisen gibt, Fragen: Macht mich das kaputt? Ziehe ich mich auf irgendeine Insel zurück? Werde ich zynisch? Wie sehe ich die Brüder? – Man kann sie ja nicht alle gleich lieb haben. Das wäre ein Ideal, das wäre wunderbar. Doch du bist auch nur ein Mensch und hast deine Sympathien; das Gehabe von dem geht dir mehr auf die Nerven als das des anderen.

Und ich als harmoniebedürftiger Mensch! Gütiger Gott! Und dann meinen die Leute immer, der Abt Benedikt sei so ein geduldiger Mensch – und ich bin es eben nicht. Vielleicht ist das genau mein Fehler. Weil ich so ungeduldig bin, brauche ich Geduld. Ich bin doch auch ein Lernender. Es wäre ja naiv, zu glauben, dass der Abt alles schon hat.

Was hilft Ihnen, wenn's mal schwer fällt?

Ich bin viel vor dem Allerheiligsten und bete da, ich gehe auch – und das ist ebenso wichtig – regelmäßig zur Supervision, und ich habe einen guten Beichtvater. Und ich habe das Seniorat hier im Kloster und ich habe den Konvent mit seinen Gemeinschaftssitzungen. Das ist auch eine Stärke des Benediktinischen: Auf der einen Seite gibt es eine klare und strenge Hierarchie, da hat der Abt das letzte Wort, doch Benedikt mahnt zugleich: Man höre auf den Rat der Jüngeren. Und das kann einen eingefahrenen Konvent manchmal sehr durcheinanderwirbeln.

Ein Mann wie Sie kennt wahrscheinlich Gott und die Welt, viele Leute in Jerusalem, in Deutschland und in der Welt, Kleine und Große, aus allen Bereichen. Kann man sich in Ihrer Position auch erlauben, Freundschaft zu pflegen?

Ich bin mit dem Wort Freund sehr vorsichtig.

Ich meine nicht, viele Freunde zu haben, sondern einen Freund des Vertrauens.

So sehe ich das auch: einen Freund meines Vertrauens. Das ist ganz entscheidend. Ja, das habe ich. Viele Benediktiner hatten auch ihre Scholastika. Nicht nur sie; denken wir nur an diese großen Paare: Franz und Klara, Franz von Sales und Chantal, und eben Benedikt und seine Schwester Scholastika.
Es gibt da eine schöne Geschichte: Benedikt besucht also seine

Schwester Scholastika. Er will am Abend heim, denn die Regel schreibt vor, dass der Mönch im Kloster übernachten muss. Scholastika betrübt das, sie möchte ihren Bruder noch etwas bei sich behalten, sie weint und betet. Schließlich kommt ein Unwetter auf, so dass Benedikt nicht heimgehen kann. Am Ende dieser Legende heißt es wunderbar: »Sie vermochte mehr, weil sie mehr liebte!« Herrlich, nicht! Es gibt in der Liebe nicht nur das »Ja, mein Schatz« – es gibt auch das glasklare Nein in der Liebe. Was manchmal auch weh tut. Aber das hat Benedikt gelehrt, bis zuletzt, dass die Liebe das oberste Gebot ist und nicht das Gesetz. Das finde ich so tröstlich. Dieser Mann hat so viele Höhen und Tiefen erlebt, auch Brüche – das gibt auch mir als Abt Mut. So konnte er Benedictus werden, ein Gesegneter.

Ist das nicht kühn, sich am Vorbild des großen Ordensgründers zu orientieren?

Benedikt war kein Heiliger von Kindesbeinen an. Als der von seinem Dorf nach Rom gegangen ist, um dort Rhetorik zu studieren, hat er sich schnell in die Einsamkeit zurückgezogen. Das war ein Mann der Extreme. Vielleicht hat er vorher in Rom jede Fete mitgemacht, dann ab in die Einsamkeit. Man wählte ihn als Abt, aber da war er so streng, dass seine Mönche ihn vergiften wollten. Was war das für ein Typ? Er ist erst im Laufe seiner Jahre zu dem geworden, der er dann später war. Es brauchte Zeit, bis er eine so ausgewogene Regel schreiben konnte.

»Ausgewogenheit« ist offensichtlich ein wichtiger Begriff für das Benediktinische.

Was ist der Unterschied zwischen dem See Genezareth und dem Toten Meer?

*Tja, das eine ist ein Süßwassersee,
das andere ein Salzwassersee?*

Das Tote Meer stirbt, da gibt es keine Pflanzen drumherum, da ist alles tot. Und warum? Weil es keinen Ausfluss hat! Alles verdampft, und nur die Schadstoffe und Salze bleiben drin. Während der See Genezareth einen Zufluss und einen Abfluss hat. Der behält nichts für sich und gibt alles weiter. Panta rhei! Alles muss fließen. Wer alles für sich behält, der platzt und stirbt. Wenn es nicht weitergeht, dann ist es kein Segen. Dann verkehrt sich der Segen in Fluch. Das ist der Egoismus. Wer nur alles für sich haben will und nicht weitergibt, für den wird der Segen zum Fluch.

»Alles fließt« – diese Weisheit ist noch älter als Benedikts Regel. Dieses »Alles fließt« scheint viel zu erklären, doch im wirklichen Leben, brauchen wir da eine andere Art von Anleitung?

Wir brauchen Gott. Um zu ihm zu gelangen, brauchen wir das Miteinander der Glaubenden, die Kirche, die Umkehr. Man muss den Mut haben, sein Leben anzuschauen und festzustellen: »So sehe ich mich. So bin ich. Und wie siehst du das? Kannst du mir da Begleiter sein?« – Ich halte sehr viel davon, Religion im besten Sinne auch als einen therapeutischen Weg anzusehen, der mir ins Leben helfen soll.

Mönchsein

Benediktiner gehen ins Kloster, um »wahrhaft Gott zu suchen«. Als Mönche haben wir die Verpflichtung, uns immer wieder neu der Frage zu stellen, wer wir VOR Gott sind, wer wir FÜR Gott sind und wer ER für uns ist. Wenn wir uns also gemeinsam aufmachen, um ihn in unserem Leben zu loben, ihm zu dienen und uns ihm hinzugeben, dann müssen wir uns auch die gemeinsame Frage stellen: Wohin geht der Weg? Wohin ruft Gott uns und unsere Gemeinschaft? Diese Frage nach der Gegenwart und Zukunft können und sollen wir uns nur stellen, wenn wir eben auch die Frage nach unserer Vergangenheit, nach unserer Tradition – der Tradition unseres Ordens, der Tradition unserer Regel, der Tradition unserer Gemeinschaft – stellen.

Wer bin ich als Benediktiner-Mönch? – Als Mönche sind wir Menschen, welche die biblische Botschaft vom kommenden Gottesreich auf eine besondere Weise leben wollen, so dass alles, was wir leben, auf die Nachfolge Christi hinzuordnen ist. Als Benediktinermönche leben wir in Gemeinschaft. Wir stehen als Benediktiner in einer langen monastischen Tradition, die sich der katholischen Kirche verpflichtet weiß.

Benediktinisches Mönchtum ist radikales Leben in prophetischer Weise nach dem Evangelium. Wir leben in Ehelosigkeit und in einer Gemeinschaft Gleichgesinnter, die sich auf Gott ausrichtet; wir leben in persönlicher Besitzlosigkeit und in der Bejahung einer vorgegebenen Ordnung durch die Regel des Heiligen Benedikt und unter dem Abt.

Das monastische Leben ist der Grund unseres Lebens hier in der benediktinischen Gemeinschaft auf dem Zion und in Tabgha und in Hildesheim. Mönch sein ist unsere Berufung! Monastisch leben ist die Priorität. Wir alle, die wir in diesen Orden eingetreten sind oder eintreten wollen, müssen uns bewusst sein, dass dieses Charisma von Gott in uns hineingelegt wurde oder wird, oder dass Gott selbst dieses Charisma des Mönch-Seins keimhaft in uns hineingelegt hat. So wird es durch seine Gnade, aber nicht weniger auch durch unsere Anstrengung auch wachsen, reifen und Frucht bringen können.

Wir werden nicht Mönche, um zunächst einmal vordergründig gemeinschaftlich zu leben! Wir sind nicht Mönche geworden, um einen ausgesprochen apostolischen Dienst für die Kirche zu vollziehen oder einen priesterlichen oder caritativen Weg einzuschlagen; sondern die Sehnsucht nach der stillen Vereinigung mit Gott ist das Erste, was uns ziehen muss und wonach wir immer wieder streben sollen. Das bedeutet eben, dass sich ein Mönch vor allem anderen bemühen soll, sein ganzes Leben danach auszurichten, wieder das ursprüngliche Abbild Gottes zu werden. Gott selbst hat diese Sehnsucht in uns hineingelegt. Und wie unvollkommen auch immer wir unsere Berufung leben oder in sie hineinwachsen, immer sollten wir dieser Sehnsucht nachgehen und ebenso um sie bitten, denn sie ist ein süßer Schmerz, der uns vorantreibt auf dem Weg der Liebe und der Vereinigung mit Gott.

Mönch sein – benediktinischer Mönch sein – bedeutet, dass wir von der lebendigen Hoffnung leben, eine Hoffnung, die den Wächter ausmacht, der in der Nacht über die Stadt und für die

Stadt wacht und wartet, dass die Morgenröte heraufzieht. Das ist vielleicht ein romantisches Bild; es zeigt aber auch, dass dem Mönch die Dunkelheit und die dunklen Stunden nicht erspart bleiben, ja, dass es zu seiner Berufung gehört, die dunklen Stunden des Alleinseins, der Einsamkeit, aber eben auch der Ausrichtung auf Gott in diesem Alleinsein zu leben.

Unser Leben ist also ein prophetisches Leben, ein Leben, das der Welt ein Zeugnis gibt, dass sie nicht das Ende aller Dinge ist, sondern dass wir auf die Vollendung warten und in unserem Leben eine immer größere und vollkommenere Ahnung der Herrlichkeit Gottes erwarten oder gar erfahren. Insofern ist unser monastisches Leben ein Dasein vor Gott: Gott ist Gegenwart! Und im Grunde genommen ist auch die ganze Schöpfung, ist jeder Bruder, ist jedes Ding, das uns umgibt und das zu uns in Beziehung steht, ein Hinweis auf diese Gegenwart Gottes.

Selbstverwirklichung und die Frage nach Gott

Der theologische Fachbegriff »Rechtfertigungslehre« kommt im heutigen Sprachgebrauch kaum noch vor. »Rechtfertigung« wird heute im aktiven Sinn von »sich verteidigen« verstanden. Die theologische Verwendung des Wortes hingegen meint die Beurteilung des Menschen durch Gott.

Die Frage: »Wie werde ich vor Gott gerecht?« kommt doch kaum noch vor. Sie ist abgelöst durch die Frage: Gibt es Gott überhaupt? Kann es angesichts der Gräueltaten, die Menschen einander zufügen, Gott überhaupt geben? Die Frage nach dem barmherzigen Gott ist bestenfalls gewandelt in die Frage nach dem helfenden Gott, der den Menschen in der Not des Lebens zur Seite steht. Aber in der heutigen Gesellschaft ist diese Frage vielleicht schon längst abgelöst durch die Frage nach dem Menschen an sich. Wie kann ich mich in meinem Leben bestmöglich verwirklichen und entfalten?

Der heutige Mensch sucht das Heil, die Erlösung nicht zunächst in der gnädigen Vergebung der Schuld durch Gott, sondern in den Möglichkeiten der schöpferischen Bewältigung des Lebens. Nicht zunächst die Zustimmung zum göttlichen Gesetz und den Möglichkeiten, im Plan Gottes für die Welt »mitzuwirken«, sondern selbst den richtigen Weg für das eigene Leben zu suchen, bestimmt das Selbstbewusstsein des Menschen. In einer Welt, in der die Menschen Gott nicht mehr so einfach als »Lenker der Welt« erfahren oder akzeptieren, erhält die persönliche Freiheit der Lebensgestaltung eine andere Gewichtung.

Die Botschaft der so traditionell klingenden Rechtfertigungslehre kann durchaus eine Antwort auch auf heutige »Selbsterlösungsversuche« des Menschen sein. Denn sie sagt uns: Die Sinnerfüllung des Lebens ist uns von Gott vorgegeben. Wir müssen uns den Sinn des Lebens nicht erst selber schaffen. Nirgendwo in der Heiligen Schrift steht geschrieben, dass der Wunsch des modernen Menschen nach Selbstverwirklichung und ein Leben aus dem Vertrauen zu Gott sich ausschließen. In dem Bemühen, das eigene Leben selbst in die Hand zu nehmen und zu gestalten, ja, in der Lust beziehungsweise Gier nach Leben, die dem heutigen Menschen unvergleichbar größere Möglichkeiten als in früheren Jahrhunderten bietet, scheitert der Mensch immer wieder an sich selbst und an den Fehlern und Schwächen der Mitmenschen.

Dass das eigene Leben gelingen möge, dass es gut werde, ja, dass man selbst gut sei – das scheint mir eine tiefe Sehnsucht in den Herzen der Menschen zu sein. Gerade darin liegt die Verzweiflung des frühen Martin Luther, ja vielleicht aller Menschen: dass wir erkennen, in welchem Zwiespalt wir stehen: Gut sein zu wollen und gleichzeitig es nicht sein zu können. Doch darin liegt doch auch die Chance – die Frage nach der Rechtfertigung des Menschen vor Gott.

Der Heilige Paulus schreibt im Römerbrief: »Ich tue nicht das Gute, das ich will, sondern das Böse, das ich nicht will.« Und weiter: »Ich freue mich am Gesetz Gottes, aber ich sehe ein anderes Gesetz in meinem Innern.«

Für den gläubigen Menschen ist das eine verzweifelte Situation. Sicher hat ein jeder von uns ähnliche Erfahrungen gemacht. Wir wollen gut sein. Ich will gut sein. Das scheint eine tugendhafte und lobenswerte Einstellung zu sein. Doch letztlich birgt auch dieser Wunsch die Gefahr egoistischer Selbstbewunderung in sich: »Ich will gut sein« meint letztlich: »Ich will, dass ich sagen kann: ›ich bin gut‹«. Hier liegt bereits das Samenkorn des Stolzes in uns verborgen. Wenn wir aus uns selber heraus gut werden wollen, begeben wir uns in ein aussichtsloses Labyrinth, aus dem es nur einen Ausweg gibt.

Gerade Menschen, die besonders gut sein wollen in ihrem Leben, haben auch eine besondere Sensibilität für Schwäche und Sünde in ihrem Leben. Und so erfahren sie eine verzweifelte Situation ihres Daseins. Die Sünde und die Verlorenheit scheint uns Menschen wesenhaft zu sein. Hier liegt die Frage verborgen: Wie bin ich vor Gott gerechtfertigt? Wie kann ich gerettet werden?

Nur darin besteht unsere Rettung, unsere Rechtfertigung, dass wir uns der Güte, dem guten Gott anvertrauen durch Jesus Christus. Wir können nicht anders gut sein als durch die Güte Gottes! Hier ist auch der Anknüpfungspunkt für die Botschaft der Rechtfertigungslehre. Sie vermittelt die trostvolle Einsicht, dass der Mensch dieses Scheitern an sich selbst und an den Mitmenschen Gott in die Hände legen darf, der auch die Scherben des menschlichen Lebens zu einem Mosaik zusammenfügen kann und wird.

Wir Christen vertrauen darauf, dass Gott uns als seinen Kindern Anteil gibt an seiner Liebe, Herrlichkeit und Ewigkeit. Wir sind Sünder – aber von Gott geliebt! Wir sind von Gott geliebte Sünder – darin besteht die Liebe und die Gnade Gottes im Menschen, der Gott vertraut und aus dem Glauben und der Gnade heraus sich den Aufgaben des Lebens stellt und seinen Nächsten nicht vergisst.

Gott zeigt sich dreifaltig

Wir Christen verehren den einen Gott in drei Personen: Gott Vater, Gott Sohn, Gott Heiliger Geist. Jesus Christus hat, als er auf Erden weilte, niemals eine solche Aussage verkündet. Erst die Kirche hat im Laufe der Zeit verbindliche Lehrsätze, die Dogmen, entwickelt.

Das so genannte »große Glaubensbekenntnis« mit seinen zahlreichen Erläuterungen und Ergänzungen zeigt, wie sehr die Kirche auf den Konzilien um Erkenntnis und Ausdruck der Wahrheit gerungen hat. Auch wenn Jesus keine Dogmen verkündigt hat, so ging es ihm doch um mehr als nur um moralische und praktische Anweisungen für ein gutes christliches Leben. Für eine Lehre vom guten Handeln, von Ethik, von Moral braucht es keine Religion. Jesu Anspruch und Botschaft geht weit darüber hinaus.

Er hat uns die Kunde vom Vater gebracht: die Liebe Gottes zu uns Menschen. Er hat uns die Kunde des Sohnes gebracht: die Befreiung des Menschen von Sünde und Schuld durch seinen Tod und seine Auferstehung. Er hat uns die Kunde des Heiligen Geistes gebracht: Der Geist der Wahrheit wird uns in die ganze Wahrheit führen.

Mit dem Weggang Jesu ist die Offenbarung nicht abgeschlossen; die Geistsendung an Pfingsten war ein neuer Anfang. Bis heute und noch nach uns geht der Wille Gottes, die Botschaft Jesu durch das Wirken des Heiligen Geistes seiner Vollendung entgegen. Dabei bleiben Glaubenswahrheiten für uns Menschen Geheimnisse, die wir bis ins Letzte intellektuell nicht ergründen

und vielleicht nur in Bildern ausdrücken können. So beispielsweise in einem dynamischen Bild das Wirken des dreieinen Gottes:

Der Vater ist sozusagen das dunkle, alles tragende, versorgende Erdreich.

Der Sohn ist die Saat der Wahrheit, die Saat der Treue Gottes, die in das Erdreich gefallen ist. Die Saat muss in das Erdreich gelegt werden, sterben um Frucht bringen zu können.

Der Heilige Geist ist in diesem Bild die Kraft, die Lebensenergie, die die Saat zum Keimen, zum Wachsen und zur Reife bringt.

Das Wachstum des Gottesreiches und der Fortschritt in der Erkenntnis der Wahrheit dauern die Weltzeit hindurch bis zum Jüngsten Tag; es ist der Tag, der weder Morgen noch Abend kennt, weil seine Sonne nicht mehr untergeht.

Darin besteht die Hoffnung der Gläubigen: als Kinder Gottes daran teilhaben zu dürfen. Das Johannes-Evangelium will uns den geistlichen Weg Jesu führen. Sein Erfahrungsschatz, die Wahrheit über die Treue des Vaters zu uns Heil suchenden Menschen, soll fest in unser Herz eingepflanzt werden. Wir sollen zur Reife der Erkenntnis der Frohen Botschaft vom Reich Gottes gelangen.

Es ist dies die geistliche Nachfolge, in die wir eintreten dürfen: Die Erkenntnis, dass es den Vater gibt, der die Welt liebt; dass es den Sohn gibt, der uns erlöst; dass es den Geist gibt, der immerwährendes Leben schenkt. Und diese drei sind eins.

Wie können wir in diese geistliche Nachfolge eintreten? Die Antwort ist sehr einfach: durch das Gebet. Jesus ruft uns auf zum Gebet. Der Apostel Paulus ermahnt uns sogar, ohne Unterlass zu beten. Doch unsere Erfahrung ist, dass uns die Zeit zu einem regelmäßigen Gebetsleben fehlt. Oder kommt das Gebet ganz in Vergessenheit? Wie viel Zeit schenke ich in meinem Leben Gott im Gebet oder in der Betrachtung der Heiligen Schrift? Ihm, dem ich die ganze Zeit meines Lebens verdanke?

Unser Gebet bereitet das Erdreich unserer Seele für den Samen der göttlichen Wahrheit. Und dieses Bereiten ist ein Bemühen und kostet uns etwas. Es kostet uns Aufmerksamkeit und Zeit. Beides ist kostbar. Das ist etwas, was wir Gott schenken können.

Der Beter wird aber auch erfahren, dass in der Zuwendung zu Gott eine Kraft verborgen liegt, durch die Glaubensaussagen zur persönlichen Erfahrung werden können: Ich bin vom Vater geliebt, der Sohn erlöst mich, der Heilige Geist schafft das Wunder dieser Erkenntnisse in mir. Doch darin muss jeder Mensch seinen persönlichen geistlichen Weg gehen.

Nicht Gerechtigkeit allein, erst Liebe schafft Frieden

Es ist ein bekanntes und geistreiches Wort: »Gerechtigkeit schafft Frieden!«

Hierbei ist gemeint, dass der Friede nur mittels der Gerechtigkeit hergestellt werden kann. Gerechtigkeit – was macht sie aus? Wer entscheidet, wer oder was »gerecht« ist? Wer nur auf seinem Recht beharrt, schafft der Frieden?

»Ich habe Recht!« – Schauen wir auf uns selber: Mit unseren menschlichen Maßstäben kommen wir oft nicht weiter. Was wir wissen, ist, dass niemand auf der Welt gerecht ist. Was wir durch unseren Glauben wissen, ist, dass niemand von uns bestehen könnte, wenn wir von Gott gerecht gerichtet würden. Gerechtigkeit ohne Barmherzigkeit ist kalt, hart, erbarmungslos. Gerechtigkeit sieht die Wahrheit schonungslos, klar, sie klagt sie ein. Nicht alles Leiden und jedes zugefügte Unrecht wird befriedet durch ein gerechtes Urteil, durch Gerechtigkeit. Im juristischen Sinn schafft Gerechtigkeit nicht immer Frieden!

Gerechtigkeit braucht die Barmherzigkeit, wenn friedliches Leben wachsen und gedeihen soll. Die Wurzel der Barmherzigkeit aber ist die Liebe: Die Liebe sieht die Wahrheit klar, und sie vergibt! Die Liebe ist stark wie der Tod – sie ist göttlichen Wesens! Die Liebe schafft Leben! Die Liebe ist nichts Süßliches, unförmig Weiches: Sie ist weise; sie ist gut. Die Liebe sieht das Wohl, die gute Entwicklung. Die Liebe unterscheidet, wägt ab, wählt das Gute. Sie ist gerecht, barmherzig und friedfertig. Wenn Sie mich

fragen – ich glaube nicht an die Formel: »Gerechtigkeit schafft Frieden!« Aber ich glaube, dass die Liebe Gerechtigkeit und Frieden zu schaffen vermag.

Für Jesus Christus, der die Botschaft vom Reich Gottes auf diese Erde gebracht hat und sie durch seine Jünger verkünden ließ, gilt nicht mehr das »Auge um Auge, Zahn um Zahn« –, sondern die Liebe allein, die gerecht, barmherzig, friedfertig und vergebend ist.

Gottes Reich ist das Reich der Liebe, in das wir uns durch jeden Gedanken, durch jedes Wort, durch jede Tat tiefer hineinverwurzeln dürfen. Wir werden ohne diese religiöse Dimension – nämlich die göttliche Liebe in dieser Welt durch unser lebendiges Zeugnis zu verkünden – zu keinem wirklichen Frieden gelangen.

Ohne den Heilsweg des Kreuzes gehen zu wollen, wird es keinen dauerhaften Frieden zwischen den Völkern geben; ebenso keinen dauerhaften Frieden im Herzen jedes einzelnen Menschen. Die Liebe nimmt Leiden, Verlust, Vergebung, Demut, Wahrheit an. Nur sie schafft Frieden durch barmherzige Gerechtigkeit.

Das Kreuz muss bleiben! Es ist die Aufgabe der Christen, das Reich Gottes durch das Beispiel des liebenden Miteinander und des inständigen Gebetes zu verkünden. Es ist ein Auftrag Jesu; es ist die Verkündigung Jesu – es ist die Vision unseres Glaubens!

Konkret glauben, wie Maria

»Bevor du Ja sagst, überleg es dir gut! Schlaf erst einmal über die Sache, dann kannst du entscheiden, was du möchtest.«

Wichtige Schritte im Leben wollen gut überlegt sein. Für gewöhnlich nehmen wir uns viel Zeit, um eine etwaige Veränderung in unserem Leben einzugehen. Wichtige Entscheidungen brauchen mitunter eine lange Zeit – vielleicht Tage, Wochen oder gar Monate.

Jeder, der für sein Leben schon einmal eine wichtige Entscheidung gefällt hat, weiß um die inneren Prozesse, er weiß um das Abwägen der Argumente, die schlaflosen Stunden, das Fragen und Suchen nach Zeichen, Hinweisen, Berater. – Und wenn dann einmal eine lebenswichtige Entscheidung gefällt ist, dann erfährt ein solcher Jemand vielleicht die Befreiung von einer schweren Last, vielleicht erfährt er Ruhe oder Klarheit, eine dunkle oder helle Ahnung von der nun beginnenden Zukunft, in die er eingewilligt hat.

Für Maria, so erzählt es das Evangelium, scheint sich ein wichtiger Entscheidungsprozess innerhalb weniger Minuten vollzogen zu haben. Ein Ja, das die Welt verändern sollte. Das Ja Marias in den Willen Gottes. Viele Künstler sind von dieser biblischen Szene im Laufe der Geschichte inspiriert worden.

Meines Erachtens geht es in diesem heilsgeschichtlich so bedeutsamen Moment aber mehr als um ein bloßes vernunft-, geist-, gemütsgesteuertes Ja. Vielmehr wird dem Betrachter die innere Verfasstheit eines Menschen vor Augen geführt, der in seiner Ganzheit auf Gott ausgerichtet ist. Maria bestätigt dem Engel nur das, was sie von ihrem Wesen her ganz und gar ist: Magd des Herrn! Maria bestätigt das, was der Mensch seit der Erschaffung der Welt wesenhaft von Gott her sein soll: Diener Gottes!

Während die Menschheit sich von ihrer Berufung, von ihrer Seinsmitte durch die Sünde entfernt hat, blieb Maria durch die Gnade Gottes, die ihr der Engel Gabriel ja auch zuspricht, treu. Insofern sagt Maria nicht Ja zu einem neuen Leben, sondern sie bestätigt nur ihren Lebenssinn, nämlich für Gott zu leben und nicht für sich selbst. Es geht nicht um eine Lebenswende, sondern um das Offenbarwerden der ursprünglichen menschlichen Schönheit: »Ich bin die Magd des Herrn. Mir geschehe, wie du es gesagt hast.« Das scheint mir die tiefste und schönste Aussage eines gläubigen Menschen zu sein.

Die deutsche Sprache hat für diese innere Entschlossenheit ein treffendes Wort: Einwilligung! Das meint, dass Maria nur einen Willen kennt, nämlich den Willen Gottes zu erfüllen – eines Willens mit ihm zu sein. Ihr Wille und der Wille Gottes für sie sind wie Schloss und Schlüssel. Die Entschlossenheit Marias offenbart die Dimension gott-menschlicher Intimität, die in ihrer Kraft fruchtbar und heilbringend wirkt für alle Menschen Seiner Gnade.

Die Frage Marias: »Wie soll das geschehen, da ich keinen Mann erkenne?«, ist eine Frage der Bereitschaft, eine Frage des Mitwirkens, ein Offensein für den zu gehenden Weg. Maria war empfänglich für den Willen Gottes und auch für die Hoffnung; auch wir sind ebenso eingeladen, empfänglich für die Hoffnung zu werden wie sie.

Ist jede Sünde eine Entscheidung gegen Gott, so werden wir durch die Frohe Botschaft ermutigt, uns immer wieder neu für ihn zu entscheiden. »Ich nenne euch nicht mehr Knechte, sondern Freunde«, sagt der Sohn Gottes einmal zu seinen Jüngern. Hat Gott da seine versöhnende Hand nicht noch näher zu uns gereicht?

Gott bietet uns an, uns für die Hoffnung, für neues Leben zu entscheiden. Dass wir Hoffnung haben, ist nicht selbstverständlich. Wir stehen in einer Situation, die nach beiden Richtungen offen ist: zur Hoffnung und zur Verzweiflung. Sich so ganz auf eine Richtung festlegen – auf die Hoffnung –, da zögern wir leicht. Wir bleiben leicht in einem Mittelmaß. Gutes und Schlechtes finden wir in unserem Leben, in uns selber, aber in überschaubarem und erträglichem Maß. Und wenn wir uns jetzt auf eine größere Veränderung einlassen, dann wissen wir nicht, ob es so erträglich bleibt. Wir sind ja durchaus hoffnungsvoll, in unserem Leben ist viel Hoffnung, – aber alles auf eine Karte setzen, wer weiß? Das ist vielleicht doch etwas riskant. Grundsätzlich sind wir ja gläubig. Wir hoffen, grundsätzlich. Aber so im konkreten Leben nehmen wir die Dinge doch lieber selber in die Hand, dann wissen wir, woran wir sind.

Es geht um die Hoffnung. Es geht darum, das Risiko der Veränderung einzugehen. Das ist es ja, was uns zögern lässt. Es geht darum, uns ins Vertrauen einzuüben, dass Gott alles in der Hand hat und dass ich vor allem immer mehr von ihm wahrnehme. Er will Heil, auch mein Heil. Doch dazu braucht Gott meine Einwilligung.

Wichtige Schritte im Leben wollen gut überlegt sein: »Bevor du Ja sagst, überleg es dir gut!«

Geheimnis der Liturgie

Einzutreten in die Welt des inneren Schauens im Glauben, einzutreten in die Erfahrung der Teilhabe an der heiligen Liturgie, der Hingabe des Sohnes an den Vater im Geist – das ist für den heutigen Menschen unendlich schwer: Er haftet doch mit allen Fasern seines Wesens an der Sichtbarkeit, bleibt der Handgreiflichkeit und der Machbarkeit aller Dinge verhaftet.

Und dennoch ist im Menschen eine tiefe Sehnsucht nach einem solchen Aus-Griff seiner Liebe ins Unendliche und Grenzenlose, nach ebenso grenzen-loser Erfüllung durch die unsichtbare, bleibende, ewige, unzerstörbare Welt der Liebe Gottes.

Das ist das unzugängliche Geheimnis des Glaubens: Die Schau, die Kontemplation, die Öffnung des Auges des Glaubens für die un-sichtbare Welt, die uns durch die Himmelfahrt des Herren als Welt der Vollendung und Welt der Zukunft erschlossen ist.

Jerusalem, die heilige Stadt

Jerusalem kann auf eine wechselvolle Geschichte zurückschauen, in der die Stadt belagert, zurückerobert, zerstört, wieder aufgebaut wurde. König David eroberte sie um das Jahr 1000 vor der Zeitrechnung von den Jebusitern. Sein Nachfolger, König Salomo (960–930 v. Chr.), ließ in Jerusalem den Tempel erbauen. Für die Israeliten war der Tempel der Mittelpunkt der Welt: Wohnort Gottes und sichtbares Zeichen seiner Gegenwart unter den Menschen. Der Tempel löste die Stiftshütte ab, in der sich die »Bundeslade« befand. Die Bundeslade war ein wertvoller Holzkasten, goldverziert und mit Stangen an der Seite, damit man ihn tragen konnte. In diesem Kasten bewahrten die Israeliten die Tafeln mit den Zehn Geboten auf, die Gott dem Moses gegeben hatte. Diese waren dem Volk Israel ein Zeichen für die Gegenwart Gottes, für seinen Schutz und seine Macht, und sie erinnerten die Israeliten an den bleibenden Bund.

Die Bundeslade war auf der Wanderung durch die Wüste mitgeführt geworden. Später brachte König David sie nach Jerusalem, und Salomo ließ sie im Allerheiligsten des Tempels aufstellen, einem fensterlosen Raum, der nur einmal im Jahr vom Hohen Priester betreten werden durfte.

Mehrmals wurde der Tempel zerstört, etwa 587 v. Chr. durch Nebukadnezzar; damals ging auch die Bundeslade verloren. Doch man baute ihn wieder auf. Die letzte Zerstörung durch die Römer im Jahr 70 n. Chr. bedeutete sein Ende. Vom Tempel ist seither nur die westliche Stützmauer geblieben, die »Klagemauer« genannt wird.

Weil man nicht mehr genau rekonstruieren kann, wo sich das Allerheiligste befand, ist für fromme Juden undenkbar, auf den Tempelberg zu gehen, um diese Stelle nicht versehentlich zu betreten. Andererseits wünschen sich einige auch, den Tempel als Symbol des Judentums wieder zu errichten. Noch immer ist Jerusalem das geistige Zentrum des Judentums.

In muslimischer Zeit wurde der Tempelberg ein Heiligtum des Islam. Dort soll nach islamischer Überlieferung Abraham Gott ein Opfer dargebracht und Mohammed in den Himmel entrückt worden sein. Im Jahr 691 ließ der muslimische Kalif Abd al-Malik dort einen achteckigen Kuppelbau errichten, den »Felsendom«.

Auch den Christen ist die Stadt heilig, vollzogen sich dort doch die großen Mysterien des Glaubens: Einsetzung des Abendmahls durch Jesus Christus, seine Gefangennahme, Kreuzigung und Grablegung. Schließlich wurden in Jerusalem die ersten Christen Zeugen der Auferstehung ihres Herrn.

Dass dieser Ort von drei Weltreligionen als heilig angesehen wird, hat es der Stadt nicht leicht gemacht; jahrhundertelang blieb sie heiß umkämpft. Im Jahr 1070 hatten die türkischstämmigen Seldschuken Jerusalem und damit das Grab Christi erobert. Die Christen forderten die Wiederherstellung eines freien Zugangs zu den christlichen Stätten im Heiligen Land. Der Aufruf zum Kreuzzug von Papst Urban II. 1095 wurde daher mit Enthusiasmus aufgenommen. Begeisterte Massen brachen nach Palästina auf, gingen unterwegs zugrunde oder wurden vernichtet. Ein geordneter Kreuzzug wurde 1096–1099 von Gottfried von Bouillon angeführt und brachte Jerusalem in christliche Hand zurück. Die Stadt wurde jedoch hundert Jahre später wieder von den Muslimen erobert. Bis in die Gegenwart hält der Streit darüber an, ob und wie die Stadt zukünftig Regierungssitz zweier Nationen sein kann, der Israelis und der Palästinenser.

Ich freute mich, als man mir sagte:
»Zum Haus des Herrn wollen wir pilgern.«
Schon stehen wir in deinen Toren, Jerusalem:
Jerusalem, du starke Stadt,
dicht gebaut und fest gefügt.
Dorthin ziehen die Stämme hinauf, die Stämme des Herrn,
wie es Israel geboten ist, den Namen des Herrn zu preisen.
Denn dort stehen Throne bereit für das Gericht,
die Throne des Hauses David.
Erbittet für Jerusalem Frieden!
Wer dich liebt, sei in dir geborgen.
Friede wohne in deinen Mauern,
in deinen Häusern Geborgenheit.
Wegen meiner Brüder und Freunde will ich sagen:
In dir sei Friede.
Wegen des Hauses des Herrn, unseres Gottes,
will ich dir Glück erflehen.

Psalm 122

Wach auf, Zion, wach auf, zieh das Gewand deiner Macht an!
Zieh deine Prunkkleider an, Jerusalem, du heilige Stadt! Schütt-
le den Staub von dir ab, steh auf, du gefangenes Jerusalem! Löse
die Fesseln von deinem Hals, gefangene Tochter Zion!

Wie willkommen sind auf den Bergen die Schritte des Freu-
denboten, der Frieden ankündigt, der eine frohe Botschaft bringt
und Rettung verheißt, der zu Zion sagt: Dein Gott ist König.
Horch, deine Wächter erheben die Stimme, sie beginnen alle zu
jubeln. Denn sie sehen mit eigenen Augen, wie der Herr nach
Zion zurückkehrt. Brecht in Jubel aus, jauchzt alle zusammen,
ihr Trümmer Jerusalems! Denn der Herr tröstet sein Volk, er
erlöst Jerusalem. Der Herr macht seinen heiligen Arm frei vor
den Augen aller Völker. Alle Enden der Erde sehen das Heil unseres Gottes.

Aus Kapitel 52 des Propheten Jesaja

Wenn ich dich je vergesse, Jerusalem, dann soll mir die rechte
Hand verdorren.

Psalm 137,5

Er sagte zu mir: Komm, ich will dir die Braut zeigen, die Frau des Lammes. Da entrückte er mich in der Verzückung auf einen großen, hohen Berg und zeigte mir die heilige Stadt Jerusalem, wie sie von Gott her aus dem Himmel herabkam, erfüllt von der Herrlichkeit Gottes. Sie glänzte wie ein kostbarer Edelstein, wie ein kristallklarer Jaspis. Die Stadt hat eine große und hohe Mauer mit zwölf Toren und zwölf Engeln darauf. Auf die Tore sind Namen geschrieben: die Namen der zwölf Stämme der Söhne Israels. Ihre Mauer ist aus Jaspis gebaut und die Stadt ist aus reinem Gold, wie aus reinem Glas. Die Grundsteine der Stadtmauer sind mit edlen Steinen aller Art geschmückt. Die zwölf Tore sind zwölf Perlen; jedes der Tore besteht aus einer einzigen Perle. Die Straße der Stadt ist aus reinem Gold, wie aus klarem Glas. Einen Tempel sah ich nicht in der Stadt. Denn der Herr, ihr Gott, der Herrscher über die ganze Schöpfung, ist ihr Tempel, er und das Lamm. Die Stadt braucht weder Sonne noch Mond, die ihr leuchten. Denn die Herrlichkeit Gottes erleuchtet sie und ihre Leuchte ist das Lamm. Die Völker werden in diesem Licht einhergehen und die Könige der Erde werden ihre Pracht in die Stadt bringen. Ihre Tore werden den ganzen Tag nicht geschlossen – Nacht wird es dort nicht mehr geben. Und man wird die Pracht und die Kostbarkeiten der Völker in die Stadt bringen. Aber nichts Unreines wird hineinkommen, keiner, der Gräuel verübt und lügt. Nur die, die im Lebensbuch des Lammes eingetragen sind, werden eingelassen.

Aus dem 21. Kapitel der Offenbarung des Johannes

KAPITEL IV

»Die Welt schwappt auch ins Kloster!«

Vom Segen eines bewussten Rückzugs –
Der heilige Benedikt als Lehrmeister für heute

DAS VIERTE GESPRÄCH

Georg Schwikart: *Wir sprechen im Bereich des Glaubens viel von der Liebe. Was meint denn dieser große Begriff konkret?*

Abt Benedikt: Liebe konkret? Da ist Benedikt sehr konkret. Seine Regel ist auf Jesus Christus bezogen: »Der Liebe zu Christus ist nichts vorzuziehen«, schreibt er am Ende seiner Regel. Da ist viel dran aufzuhängen: Wir sollen nichts höher stellen als Christus, der uns alle zum ewigen Leben zu führen vermag. Das Kapitel 72 bringt die Liebe auf den Punkt. Wenn der Mönch jemandem begegnet, soll er in ihm Christus erkennen – im Abt, im Mitbruder, im Kranken, im Gast … Das ist sehr konkret. Im Anderen Christus erkennen. Zu lieben heißt glücklich werden.

Spricht Benedikt von Glück?

Er spricht nicht von Glück. Er sagt: »Suche den Frieden und jage ihm nach.« Ich meine, darin steckt der innere Seelenfrieden, und dazu sagen wir heute Glück. Frieden kann meinen: ich habe genügend Abstand zu den Nöten der Welt, und gleichzeitig aber auch, davon nicht abgehoben und losgelöst zu sein. Der Frieden ist etwas sehr Kreatives. Etwas, was gestalterisch wirkt. Was den Menschen erheben will. Das ist nichts Schlappes, so im Bett rumlümmeln, nach dem Motto: »Lass mich in Frieden«. Der göttliche Frieden hilft dem Menschen, eine bessere Welt zu kreieren.

Der moderne Mensch wünscht sich Glück als Dauerzustand, auch wenn er vom Verstand her weiß, dass das gar nicht möglich sein kann. Aber vielleicht kann es diesen Seelenfrieden auf Dauer geben?

Ja. Nicht einen Frieden, wie die Welt ihn gibt. Deswegen suchen wir den Frieden woanders, nicht äußerlich in den Erfolgen und sonst wo. Das ist ein innerer Friede, der in der Welt lebt, aber nicht von der Welt lebt. Aber für die Welt lebt.

Wie kann Ihnen Ihr Ordensgründer Benedikt dabei helfen? Was hat Benedikt Neues gebracht? Eine neue Interpretation des Glaubens? Es muss ja so originär sein, dass er immer noch wirkt – nach so vielen hundert Jahren.

Benedikt hat manches von einem unbekannten Regelschreiber, dem so genannten »Magister«, übernommen und dann die Regel selbst weiterentwickelt. Was ihn sehr originell macht, ist zum Beispiel sein Rat: »Nichts übertreiben!«
Übertreibung scheint ihm schon das zu seiner Zeit hoch gepriesene Einsiedlertum zu sein. Er weiß um die Gefahr, dass da die Leute reihenweise abgedriftet sind und ihre Psychosen gehabt haben. Wenn wir heute von den Wüstenvätern schwärmen, dann ist das die Crème de la Crème einer Bewegung, wo auch ganz viele kläglich gescheitert und irre geworden sind in ihrer Einsamkeit.
Wir schwärmen von Antonius, von dem kann man natürlich viel lernen. Benedikt sieht aber auch die Gefahren und sagt: Bevor das jemand überhaupt schafft, muss er erst einmal die Schwierigkeiten

einer Gemeinschaft ertragen lernen. Es ist leichter, die ganze Welt zu lieben, als meinen Bruder nebenan. Da ist was dran.

Die Mutter aller Tugenden ist die discretio, die Unterscheidung. Nichts übertreiben: nicht zu viel beten, nicht zu viel arbeiten, das weise Maß halten. Und das ist nichts Lebloses, das bleibt ständig in einer gesunden Spannung, das ist etwas, das den Frieden bringt, Gleichmaß, Ordnung, Harmonie. Das ist nichts Langweiliges, ganz im Gegenteil.

Der Blick von draußen betrachtet das Klosterleben auch kritisch: Sind das so schwache Persönlichkeiten, dass die diese Ordnung brauchen? Das sind doch erwachsene Leute, und dann so eine strenge Anleitung, wie man leben soll?

Wenn man das alles nur von außen sieht und nicht selber die Erfahrung macht, versteht man das nicht. Viele Leute halten es mit sich selber nicht aus, sie sind ungenießbar. Im Kloster, in seiner Zelle, soll es jeder bei sich aushalten lernen. Gregor der Große hat über Benedikt gesagt: »Er wohnte bei sich selbst unter den Augen Gottes.« – Da müsste die moderne Psychologie vor Begeisterung in die Hände klatschen! Das ist es! »Er wohnte bei sich selbst!« Wir würden vielleicht heute sagen: Dieser Mensch ist kongruent, der hat sich gefunden. Aber das ist keine Nabelschau. Die beiden Halbsätze gehören unbedingt zusammen: »– unter den Augen Gottes«! Und weil er das tut, bleibt er nicht wie das Tote Meer …

... exakt, er strahlt vielmehr aus, weil er Frieden gibt und segnet. – Wenn du dich selber suchst, aber nur in dir selber, wirst du dich nicht finden. Weil du nicht unter den Augen Gottes suchst.

Habe ich das richtig verstanden: »Bei sich selbst wohnen« – sieht das denn bei jedem anders aus? Wenn ich das übersetzte: »Versöhnen mit dem, der ich bin«, dann bedeutet das auch: Es gibt Dinge, die sind nicht schön, aber die sind so?

Ich nehme mich so an, wie ich bin – nicht in dem Sinn: Ich resigniere. Im Gegenteil, nämlich in dem Sinne: Was kann ich daraus machen? Wo sind meine Grenzen? In Psalm 147 heißt es wunderbar: »Du schaffst meinen Grenzen Frieden.« Grenzen müssen sein, ich habe sie nicht nur, sie sind nicht nur schrecklich, sondern: Frieden ist nur möglich in diesen Grenzen. Wo keine Grenzen sind, da ist es kon-

turenlos, unförmig.
Das ist es doch, was
wir Mönche suchen:
Mein Profil. Mein
Bild, das Gott von
mir hat. Und das hat
Profil, das hat ganz
klare Grenzen. Gott
ist grenzenlos, da
kann ich mich an-
docken. Die Klausur

ist eine ganz klare Grenze. Aber sie gibt Kraft!

Was machen Sie denn, wenn einer kommt und Mitbruder werden möchte, aber er ist Ihnen unsympathisch?

Ich kann nicht den Maßstab meiner Sympathie anlegen. Das wäre unlauter und unfair. Wenn seine Suche lauter ist, wenn er wirklich Gott sucht, wenn er auch eine gewisse Frustrationstoleranz mitbringt … natürlich, dann kann er kommen. Auch wenn mir mancher Charakterzug meiner Mitbrüder auf den Nerv geht.

Das wird Ihren Mitbrüdern ja umgekehrt mit Ihnen vielleicht ähnlich ergehen.

Natürlich! Der andere ist für mich Korrektiv, die Grenze, die er mir aufzeigt. Anerkennung, Wertschätzung, Ehrfurcht vor dem anderen. Das ist das, was wir einüben: Ehrfurcht vor dem Göttlichen. Im anderen Christus zu erkennen. Das gilt auch für den unsympathischen Bruder. Das ist schwer! Und im Kloster kannst du nicht wegrennen.

Wir Christen des 3. Jahrtausends sind alle mehr oder weniger von der Aufklärung geprägt. Diese Strömung hatte auf alle Lebensbereiche Auswirkungen. Was würde Benedikt sagen, wenn er heute ins Kloster käme: Wäre er entsetzt? »Was habt ihr aus der Regel gemacht?«

Ich glaube, dass wir heute in einer ähnlichen Zeit leben wie Benedikt, insofern, dass damals in seiner Zeit das Römische Weltreich zusammenbrach. Die Werte brachen zusammen. Als Benedikt geboren wurde, 480, war der Brand in der Bibliothek zu Athen. Ein Weltbild brach zusammen. Die fremden Völker fielen von Norden her ein, Vandalen und Goten und wie sie alle hießen. Sie zogen über das Land, eine Überfremdung war da. Dieser ganzen Mobilität und Unruhe hat Benedikt etwas gegenübergestellt, was wir stabilitas loci nennen. Hier, an dieses Kloster bindest du dich, um frei zu sein. Benedikt hat auch in seiner Regel bedacht, dass man das Kloster wechseln kann oder auf Reisen ist, aber eben ganz klar gemacht: Alles, was die Mönche brauchen, soll sich im Kloster befinden.

Er hat eine klare Klausur geschaffen. Vor Jahren besuchte ich ein Kloster, das wieder gegründet worden war; damals sagte die Priorin: »Heute eröffnen wir die Klausur!«

Klausur ist der schützende Raum – räumlich und zeitlich – der ungestörten Gottsuche, des ungestörten Gotteslobes. Jeder braucht seinen intimen Bereich, in dem er geschützt ist, wo er die intime Gottesbeziehung leben kann, als Einzelner und als Gemeinschaft. Das ist ein Schutzraum. Klausur ist Freiheit.

Eine provokante These.

Die Welt schwappt auch ins Kloster! Heute, in einer Zeit, wo Radio, Fernsehen, Internet, Telefon – wo man sich die Welt virtuell in die Zelle holen kann, da müssen wir uns neu fragen, was bedeutet das. Ich halte viel von der Selbstverantwortung der Menschen. Wenn mir allerdings auffällt, dass ein Bruder ständig mit dicken Augen oder immer seltener in den Frühchor kommt, dann muss ich auf ihn zugehen und fragen: Was ist mir dir? Und wenn der Abt dem Bruder zu unsympathisch ist, dann muss ich jemand anderen schicken: »Kümmere du dich mal um ihn.«
Selbstverantwortung – natürlich. Jeder muss seinen eigenen Weg gehen, aber wir sollen uns gegenseitig helfen, erwachsen zu werden. Wie es in der Regel heißt: »Wenn du antwortest: ‚Ich!‘« – Das ist nicht mit einem Mal abgeschlossen, das ist unsere tägliche Aufgabe.

Was bedeutet in diesem Sinne, erwachsen zu sein?

Im Sinne Benedikts: das Maß zu halten, im Frieden zu sein, mehr ich selber zu werden. Im Kloster kommen ja viele verschiedene Begabungen zusammen; der eine ist mehr künstlerisch begabt, der andere mehr praktisch, einer kann gut mit Blumen umgehen. Da haben wir ja die Möglichkeit, alle paar Jahre zu wechseln, jetzt machst du mal das und jetzt mal jenes. Es ist keiner vom Küchendienst ausgenommen, jeder muss mal die Klos putzen. Ich auch, ich gehe auch über die Gänge und putze und mache meine Zimmer selber. Aber ich habe auch die Möglichkeit, die Begabungen der Brüder zu fördern. Kloster ist ja nicht immer nur Grenze, Grenze, Grenze, sondern etwas Kreatives.

Was kann man unter einem Begriff wie Gehorsam verstehen? Geht es im Kloster zu wie in einer Kaserne?

Dann wäre ich nicht hier! Gehorsam sein meint schlicht: Sich etwas sagen lassen. Unsere Regel beginnt mit einer Aufforderung: »Höre!« Der Glaube kommt vom Hören. »Höre, Israel!«, beten die Juden. Das Allerwichtigste ist das Hören, ein Schlüsselwort: auf den Bruder hören, auf die Zeitumstände, auf die Heilige Schrift, auf das eigene Herz. Vom Hören kommt man auf den Gehorsam! Ich muss auch mir selbst gegenüber gehorsam sein. Ich will verlässlich und treu sein, Flexibilität und Wachsamkeit haben. Mönche müssen wie die Wächter sein, wach sein, lauschen können, aufmerksam sein.

Mönche sind Wächter?

Wächter dieses Heiligtums und Wächter des Heiligtums unseres eigenen Lebens. Das mönchische Leben ist ein alternatives Leben, ein Stachel im Fleisch der Gesellschaft. Insofern provozieren wir auch

Widerspruch. Wir machen darauf aufmerksam, dass man anders leben kann. Man muss sich nicht immer nur der Welt anpassen.

Und wenn bei der Gewissenserforschung am Abend
rauskommt, heute ist es nicht so gut gelungen?

Mir hat das Bild von Nikos Kazantzakis sehr geholfen: Jedem Tag am Abend die Goldkörner auswaschen. Das heißt: Man hat viel Schmutz im Korb, aber es gibt auch Goldkörner. Man sollte sich jeden Tag an mindestens fünf Punkte erinnern, wofür man heute dankbar sein kann, was schön war. Es soll keiner sagen, dass nicht jeden Tag ein Goldkörnchen drin war! Dafür muss man auch aufmerksam sein, für eine liebevolle Geste, für das, was einem gelingt, für das, was verziehen worden ist. Das führt zu einer Psychohygiene. Dafür muss man aber erst einmal zehn Kilo durch das Sieb gehen lassen, um dann vielleicht ein paar Goldkörnchen zu gewinnen. Aber das tut gut: dankbar sein zu können.

Kann man das, was Klausur im Kloster bedeutet,
für die Menschen in der Welt übertragen?

Im ganz guten Sinne muss auch eine Familie ihre Klausur haben, wenn sie bestehen will – die kleinen Zeiten des Miteinander. Früher war das z. B. der Sonntagnachmittagspaziergang. Aber heute eine Möglichkeit zu finden, wo keine Gäste da sind, wo wir uns Zeit für uns nehmen, wo es nicht nach der Beliebigkeit geht? – Wir sind ja nicht per Zufall zusammen, wir sind uns gegeben, lasst uns etwas gemeinsam tun.

Ich würde auch sagen – das mag sich sehr konservativ anhören –
aber »Betet ihr noch zusammen?« Das finde ich im Judentum so im-
ponierend, die Haus- und Familienliturgie. Das ist bei uns so den Bach
hinuntergegangen. Das ist ein Schlag ins Gesicht unserer christlichen

Kultur Europas. Da haben wir einen großen Schatz verloren. Es gibt kaum noch eine christliche Hausliturgie.

Dem vorgelagert ist aber doch der Verlust der Kirchenbindung.

Nein, das würde ich genau umgekehrt sehen! Weil es fast keine Hausliturgie mehr gibt, gibt es auch fast keine Kirchenbindung mehr. Immer nur die Schuld bei der Kirche suchen, beim Pastor oder den Strukturen, nein, das ist mir zu einfach.

Da fühle ich mich missverstanden. Wenn ein Jugendlicher nicht mehr an Gott glaubt, aber die Familie schiebt ihn noch über die Firmung, aus Traditionsgründen, dann bricht dennoch danach etwas ab. Die Selbstverständlichkeit des Glaubens ist verloren gegangen.

Darüber können wir wohl Einigkeit erzielen. Was ich nur sagen wollte: Gott gehört auch in die Familie!

D'accord. Aber in welcher Ausdrucksform?

Da muss wieder jede Familie sehen, wie sie das umsetzt. Tischgebete vor und nach dem Essen sind ja längst keine Selbstverständlichkeit mehr. Das sind kleine Zeichen: gemeinsames Anfangen und gemeinsames Aufhören. Das sind kleine Dinge, die im Alltag schon schwer umzusetzen sind. Die eine muss zum Ballett, der andere zu Freunden – es wird alles zerrissen. Irgendwo sollte doch auch der Gegenpol gesucht werden, in einem übereinstimmenden Termin mit der ganzen Familie. Wenn in der Familie die Frage nach Gott keine Rolle mehr spielt, dann stimmt doch was nicht, oder? Oder bin ich schon zu lange im Kloster?

Lieber Abt Benedikt, ich darf diese Frage wohl als eine rhetorische werten. – Die Belastungen des modernen Familienlebens sind in der Tat enorm. Doch wenn ich Sie recht verstanden habe, möchten Sie auch die Menschen »draußen« ermutigen, ihre Traditionen zu bewahren.

Sie verstehen mich! Wenn wir das, was wir schätzen, auch bewahren wollen, müssen wir den Mut haben, auf neue Bedingungen je neu zu schauen! Da haben wir den Spannungsbogen zwischen guter Erfahrung in der Tradition und klugem Eingehen auf sich verändernde Zeiten. Das hat jedes Kloster an seinem Ort und in seiner Zeit zu leben. Es gibt gewisse Dinge, die im Kloster diskutiert werden können. Aber es gibt auch Dinge, die nicht hinterfragt werden können, da würde man ja nur müde. Ob es die Eucharistiefeier ist oder ob es die Psalmen sind, das Schweigen bei den Mahlzeiten oder überhaupt der Wert des Schweigens – das wird nicht hinterfragt. Das schafft auch Stabilität. Wir müssen das nicht immer wieder neu hinterfragen. Da gibt es keine Beliebigkeit. Das entlastet!

Lebenslang Mönch

Im Kloster lebt man intensiver. Wenn dann nicht als Leitfaden, Leitmotiv, als Zentrum und Ziel immer wieder Christus aufleuchtet und gesucht wird, scheitern wir an unseren Egoismen und Eigenbrötlereien.

Eines jeden Persönlichkeit möge geachtet und gefördert werden. Jeder soll mit seinen Talenten wuchern und ich gebe nach Möglichkeit die Chance dazu. Was aber nicht – auf gar keinen Fall – wuchern darf, ist ein Individualismus, in dem zum Wohl meines Egos das Kloster eine ökologische Nische für mich bereithält. Es geht darum, im Hören des Herzens mit allen Kräften und Sinnen die Gemeinschaft in Einheit und Liebe zusammenzuführen.

Das ist kein theoretisches Wort, das ist praktisches Tun. Das ist das Gebot Jesu. Das ist der Wille des Vaters, das ist Wirken des Heiligen Geistes. Jeder kann und muss sich fragen, wo er sein eigenes Reich aufzubauen im Begriff ist und das Alltags- und Gemeinschaftsleben eher als dienstbaren Geist oder bloß notwendiges Informationsforum ansieht.

Wenn ich nur mich selbst segne, kann ich kein Segen für die anderen sein. Sehe ich meinen Bruder? Bei aller Diskretion ist es doch notwendig, füreinander da zu sein. Was wissen wir denn voneinander? Wenn ich aufmerksam bin, erfahre ich so viel vom Mitbruder, was mich ihn sehen lässt, für ihn beten lässt, mitgehen und gesund abgrenzen oder korrigieren lässt. Wo Liebe ist, ist Einheit. Aus Einheit fließt Liebe.

Lernen wir, besser und konstruktiver mit Aggressionen umzugehen. Der Bruder, der Gast, die Schwester, der Obere dient nicht als Projektionsfläche eigener Probleme und Ärgernisse. Hat jeder einen Beichtvater? Geduld und CORRECTIO sind ein Brüderpaar so wie Wahrheit und Liebe. Sie gehören in einer Gemeinschaft unbedingt zusammen. Bin ich kritikfähig?

Wir haben alle viel zu tun. In der Hoffnung auf Gottes Hilfe bei gesunden Berufungen sollen wir jeden Tag in allen persönlichen Bereichen und Arbeiten den Blick und den Eifer für das gemeinsame Chorgebet, für die gemeinsame Eucharistie, für den gemeinsamen Tisch, für die gemeinsame Rekreation, für die gemeinsamen Lebensräume nicht nur nicht verlieren, sondern schärfen. Was zählt, ist die tätige Liebe, die wir einander schenken.

Hier liegt für mich der Schlüssel für unsere zentrale Frage: Was ist unser Ziel als benediktinische Gemeinschaft? Natürlich, es ist Christus. Aber Christus im Bruder. Konkreter kann benediktinisches Leben nicht sein. Der Bruder, der mir begegnet, jetzt in diesem Augenblick ... ihm schulde ich meine Aufmerksamkeit, meine Zuwendung, meinen Dienst. Eine Gemeinschaft braucht ein Ziel, eine Vision, eine Mitte, einen einigenden tieferen Sinn. Der Friede ist eine solche Vision, für die es sich lohnt zu leben und die konkret im Alltag in jeder Begegnung aktuell ist. Die große Vision besteht aus kleinen Bausteinen des Alltags. Frieden ist möglich und der Wille zum Frieden nötig.

Bei unseren Diskussionen zu bestimmten Themen vermisse ich manchmal den gegenseitigen Respekt, die Sachlichkeit und die Rücksichtnahme. Auch das will täglich neu gelebt werden. Benedikt gibt uns für diese Haltung eine Hilfe, welche sagt, dass wir eher den Vorteil des Anderen suchen sollen. Wir dürfen einfach nicht nach dem Motto leben: »Wenn jeder an sich denkt, ist allen geholfen«.

Wir sind Individuen. Heute ist das Durchschnittsalter der Eintretenden höher als noch vor zwanzig Jahren. Das hat den Vorteil, dass Lebenserfahrungen gemacht worden sind, die für das Gemeinschaftsleben von großem Nutzen sind. Es kann aber auch den Nachteil haben, dass die reifere Persönlichkeit glaubt, sie habe ihren optimalen Entwicklungsstand erreicht. Das ist ein Irrtum. Es ist fraglos und immer wieder meine Erfahrung: Egal, in welchem Alter jemand eintritt, er fällt im Laufe der ersten Jahre »nolens volens« in eine Regression. Hier ist größte Vorsicht und Wachsamkeit geboten. Der Bruder glaubt, er habe alle notwendigen Entwicklungsstufen abgeschlossen. Das kann aber nicht sein, denn wir alle haben in unserem Leben Defizite erfahren, die sich auf alle möglichen Weisen im Kloster irgendwann melden und ihr »Recht einklagen«. Das führt nicht selten zu kindischen und pubertierenden Handlungen, die, wenn sie nicht ehrlich und wahrhaftig wahrgenommen werden, den Bruder selbst in seiner Entwicklung behindern und auf das Gemeinschaftsleben störend oder gar zerstörend wirken.

Nicht alle Defizite können nachreifen. Manches stille Leiden tragen wir ein Leben lang mit uns. Uns alle warne und ermahne ich, sich einzulassen auf persönliche Prozesse, auf geistliche Begleitung ... denn allein kann man seine blinden Flecken nicht erkennen. Sonst drohen gebildete und körperlich entwickelte, aber persönlichkeitsschwache Menschen herauszukommen. Auch und gerade hier ist es so wichtig, dass wir die »correctio« der Gemeinschaft und des Oberen annehmen lernen. Wenn jemand dazu nicht bereit ist, muss er das Kloster verlassen!

Das meine ich so einfach und klar, wie ich es sage. Kein Alter entbindet uns von der Pflicht der wachsamen Selbstreflektion, die auch im Sakrament der Beichte eine heilsame Hilfe finden kann. Fachliche Kompetenz, in welchem Bereich auch immer, ist längst keine Garantie für Reife. Menschliche Reife hat zunächst mit Intelligenz nichts zu tun. Wir müssen wachsam sein und offen, damit wir nicht ein Haufen verknöcherter oder hartherziger Individualisten werden.

Das Wohl der benediktinischen Gemeinschaft hängt in großem Maße von reifen Persönlichkeiten ab, die auf eigene Interessen verzichten können und in der Lage sind, ihr Ego zurückzunehmen. »Der Mensch wird erst am Du zum Ich«, sagt Martin Buber. Wo wird das deutlicher als in solch engen Lebenszusammenhängen, wie wir sie im klösterlichen Alltag erfahren? Uns allen wünsche ich, dass wir im Gehen des benediktinischen Weges glücklich werden, reife Menschen, die dankbar und froh sich selbst und den Bruder annehmen lernen zum Lob Gottes.

Geheiligt werde sein Name –
Vom täglichen Dienst

Jesus ist nicht gekommen, um alle Probleme der Welt zu lösen, sondern um der Welt Gott sichtbar zu machen. Das bedeutet es, wenn wir im Vaterunser immer wieder beten: »Dein Name werde geheiligt!« SEIN Name werde verherrlicht! Wir sind aufgefordert, durch unser Leben Gott in der Welt zu dienen. Jesus ist der Weg Gottes zu den Menschen und der Weg, auf dem die Menschen zu Gott kommen. So ist er die Tür, der Torbogen der Begegnung zwischen Gott und Menschen. Im Menschen Jesus von Nazareth ist für uns Gottes Wesen sichtbar und sein Geist erfahrbar geworden. In ihm und mit ihm und durch ihn sind wir mitverantwortlich für den Glauben der Menschen und für das Heil der Welt.

Wenn wir im Namen Gottes bewahrt bleiben und der Name Gottes geheiligt werden möge, dann hat das Konsequenzen nicht nur für unsere Gebete und für unsere liturgischen Feiern. Nein, es hat auch Konsequenzen für unser alltägliches Leben. »Geheiligt werde dein Name« ist nicht darauf zu beschränken, dass wir in einem frohen Halleluja Gott loben, sondern ihn im täglichen Dienst an den Menschen verkünden und verherrlichen.

Aber manchmal verdunkeln wir die Herrlichkeit Gottes durch unser Leben mehr, als dass sie durch uns durchscheint. Und doch: In uns ist Gottes Geist, ist das Erbe Christi lebendig. Letztlich verherrlichen nicht wir ihn, sondern Christus verherrlicht den Namen des Vaters in uns!

Die Verherrlichung Jesu meint ja nicht einfach ein wundervolles Ereignis. Verherrlichung heißt, dass Gott seinem Sohn in Leiden, Sterben und Tod die Treue bewahrt hat bis zur Auferstehung. Darin besteht die Herrlichkeit Gottes; an ihr haben wir teil. Jesus ist in uns verherrlicht, weil Gott treu ist und dem sündigen, kranken, zweifelnden, suchenden Menschen nachgeht. Jesus ist in uns verherrlicht, weil Gott unser Heil, unser Bestes will.

Darin besteht unser Glaube und unsere Hoffnung für uns, und von dieser Hoffnung und von diesem Glauben geben wir Zeugnis. An den Früchten wird man die Jünger Jesu erkennen. Die Frucht des Kreuzestodes Jesu ist das Heil der Menschen. Die Frucht, die wir bringen können, wenn wir in seinem Namen bleiben, ist die Offenbarung Gottes – und Gott ist die Liebe. Geheiligt werde sein Name!

Gott wohnt in uns

Der Heilige Benedikt schreibt, dass alle weltlichen Dinge des Klosters, selbst Kochlöffel, Pfannen und Weinkrüge als »heiliges Altargerät« anzusehen sind. Nichts ist deswegen gleich heilig; aber alles und jeder ist Gott geweiht! Im Grunde genommen gibt es für den Mönch nichts Profanes mehr; sondern das ganze Leben ist geheiligt. Das ganze Leben meint aber auch, dass Gott in uns wohnt, ja, dass Gott in unserem Herzen seine Wohnung aufgeschlagen hat. Für mich ist es wunderbar, dass wir als Benediktinermönche die große Chance haben, in der Ausgewogenheit eines Tagesablaufes zwischen ORA ET LABORA die Möglichkeit haben, immer wieder nach Gott in unserem Inneren zu fragen durch das gemeinsame Chorgebet, durch die persönlichen Zeiten der Stille, der LECTIO und der ADORATIO, Studium der Schrift und Anbetung.

Den Willen Gottes zu tun, das ist das Entscheidende bei Tag und bei Nacht! Und den Willen Gottes zu tun heißt, dass ich mich als Mönch ganz in die Gesinnung Christi hineindenken, -fühlen, -beten und -arbeiten soll. Mönchisches Leben ist ununterbrochener Lobpreis Gottes.

Mir ist klar, dass ich damit ein sehr hohes Ideal stecke, worunter wir alle wahrscheinlich zerbrechen würden. Dennoch bleibe ich dabei und sage noch einmal deutlich: Wir haben ein hohes Ideal, aber wir haben auch die Gnade Gottes, seine Hilfe, sein Erbarmen, seine verzeihende Liebe, wenn wir diesem Ideal unserer Berufung nicht immer gerecht werden können.

Und ich freue mich über meine Berufung trotz meiner Fehler und Schwächen, weil ich spüre, wie reich mich Christus beschenkt hat, wie er mich privilegiert hat durch meinen Tagesablauf, durch die Menschen, die mir begegnen, die mir manchmal das geschmückte, triumphierende Kreuz sind – und manchmal eben auch das Kreuz des Leidens, das es täglich neu zu umarmen heißt.

Ein Leben als Mönch in unserer benediktinischen Form, nämlich in enger Gemeinschaft von jungen und alten Männern, ist nicht immer leicht. Wir alle wissen um unsere kleinen und großen Schwächen, auch wenn noch vieles verborgen bleibt. Aber wir sehen es in unserem Alltag, wie vieles knirscht, wie viel Sand im Getriebe unsere kleineren und größeren Schwächen verursachen! Die alltäglichen Sorgen dürfen uns aber nicht den Blick verstellen für das Kommende, für die Herrlichkeit Gottes, für die wir ja einstehen, die wir verkündigen sollen, wo wir unser ganzes

Leben einsetzen, um die Liebe Gottes in unserer Gemeinschaft darzustellen. Das monastische Leben ermöglicht wie kaum eine andere Lebensart, sich so intensiv nach der Liebe Gottes auszustrecken, allein sein zu dürfen mit Gott, um ihm und den Menschen zu dienen – und das heißt zunächst, dem Bruder zu dienen.

Es bleibt dabei: Die Liebe ist unsere Berufung! Und Gott ist der Grund unserer Liebe. Gott ist auch das Maß unserer Liebe.

Als Mönche sind wir Fremde, Heimatlose in dieser Welt. »Wir sind nur Gast auf Erden und wandern ohne Ruh mit mancherlei Beschwerden der ewigen Heimat zu«, heißt es in einem alten Lied. Deswegen sollten uns das Sterben und der Tod nicht erschrecken. Alles asketische Leben ist ein Sich-Einüben auf diese letzte Wirklichkeit hin, dass wir schon jetzt ganz von ihr erfasst werden und die Herrlichkeit Gottes leben!

Christus selbst hat immer wieder von den »letzten Dingen« gesprochen und Bilder des Himmelreiches gemalt. Wir dürfen uns hier auf dieser Welt, in diesem Kloster, in diesem Gebäude und mit allen unseren Sorgen letztendlich nicht »einrichten«.

Ich bin mir bei all den materiellen Fragen und Problemen dessen voll bewusst: Monastisches Leben ist bei aller Askese, bei allem Verzicht, bei allem, was vielleicht auch nach Kreuz aussieht und Kreuz ist, letztendlich nicht ein Leben, das wir erleiden müssen, sondern ein Leben, das die Freude in sich birgt: die Freude, nicht einfach nur von Gott her leben zu dürfen, sondern für Gott leben zu dürfen!

Kirche, das Haus Gottes

Die Kirche im Dorf trägt wesentlich zur Identität einer Dorfgemeinschaft bei: Ostern, Pfingsten, Weihnachten, Fronleich-
nams-Prozession, Familienfeiern wie Hochzeiten, Taufen, Beer-
digungen – das Dorf-Leben spielt sich rund um die Kirche ab, und
manche Anekdote über diesen und jenen Priester gäbe es zu erzählen.

Die Kirche – das sind wir! Aus vielen Steinen ist unsere Kirche zusammengefügt. Jeder Stein ist wichtig; jeder einzelne Teil,
der eingefügt ist in das gesamte Bauwerk, trägt seinen Teil dazu
bei. Und diese vielen Steine ergeben zusammen dieses Gottes-
Haus, diese Stätte, wo wir unserem Glauben durch die Feier der
Sakramente Ausdruck verleihen. Viele lose Steine ergeben einen
ungeordneten Haufen; erst wenn die einzelnen Steine zusammen-
gesetzt und eingefügt werden, kann ein wunderbares Bauwerk
erstehen.

Entscheidender als die schönste Kirche sind die Menschen,
die Gläubigen, welche die Gemeinschaft der Gläubigen bilden. Als
Glied der Kirche ist jeder wertvoll und wichtig, und es kommt darauf an, sich ein-fügen zu lassen in das gemeinsame Werk. Kirche
lebt und wirkt nur dann überzeugend, wenn sie sich der Kraft des
Heiligen Geistes anvertraut und immer neu um die Fülle der Gaben
bittet. Es geht darum, diese Gaben bei sich und den Mitmenschen
zu entdecken und in das lebendige Haus der Kirche einzusetzen.

Die Pfarrgemeinde als Kirche vor Ort ist immer nur so lebendig und segensreich, wie es die einzelnen Glieder der Gemein-

schaft sind. Das darf nicht die Sorge einer einzelnen Person sein! Die Kirche ist das Haus Gottes; die Schönheit des Gotteshauses braucht die Lebendigkeit der Gemeinschaft aller Glaubenden, Hoffenden und Liebenden. Das trägt wesentlich zum Gesicht der Kirche bei.

Unsere Gotteshäuser und Kirchen sind Ausdruck der Verehrung und des Vertrauens gegenüber Gott; sie dürfen nicht zu kulturellen Museumsstücken oder zu schicken Orten privater Festivitäten verkommen. Was nützt die schönste Kirche und die neue, wunderbare Orgel, wenn keine lebendige Gemeinschaft der Glaubenden den Tod und die Auferstehung Jesu Christi in ihr feiern?!

Geht einmal hinein in die Kirche, wenn keiner da ist ... hört doch einmal auf diese Stille! Schaut doch einmal die Schönheit der Fenster ... sagt Ihm doch einmal alles frei von der Leber weg ... Ihr werdet es erleben! Gott wohnt hier! Er wartet auf dich; er freut sich, wenn du einmal – einfach so! – hereinschaust! Du wirst ein helles Wunder erleben, das dein Geheimnis ist und bleibt.

Christen geben Zeugnis von Christus, dem Sohn Gottes, der Liebe, Freiheit und Frieden verkündete für dich und dich und dich – und für mich! Trauen wir uns doch, einander frohe Botschafter vom Reich Gottes zu sein! Besonders die Kinder brauchen doch lebensnotwendig positive Werte christlichen Lebens. Wir brauchen im Glauben Weg-Gefährten, die mit uns unterwegs sind, die mittragen und mitsorgen, die mit uns teilen und den Glauben bekennen, die über den Glauben sprechen und so ihrer inneren Überzeugung nach außen hin Ausdruck verleihen. Ich erlebe meinen Glauben als Befreiung, als Lebens-Freude und nicht selten als

Lebens-Hilfe in all den Sorgen, die ich im Heiligen Land habe. Das Leben mit Christus ist wunderschön!

Dies scheint mir eine der wichtigsten Herausforderungen unserer Zeit in einer kleiner werdenden Kirche zu sein: Wir brauchen einander und können uns gegenseitig auf dem Pilgerweg stärken und ermutigen. Die Kirche braucht viele kleine, lebendige Zellen, in denen Christus der Mittel- und Angelpunkt ist. Wir leben von der Gemeinschaft, die wir als Volk Gottes bilden; wir leben davon, dass einer dem anderen hilft und wir füreinander Sorge tragen. Christsein ist kein Weg für Individualisten, nicht in einer Dorfgemeinschaft und auch nicht in einer Klostergemeinschaft.

Christ sein bedeutet: Mir ist der Andere als Weg-Gefährte wichtig! Zur Kirche gehören alle Getauften: Kinder und Jugendliche, Frauen und Männer, alte Menschen, Kranke, Arme, Reiche. Sie alle sind Glieder am Leibe Christi. Jeder ist in diesem Leib wichtig. Jeder hat seinen Platz und seine Berufung, und alle sind wir betroffen von dem, was den Einzelnen bewegt.

Unser Blick geht daher immer wieder über unsere Gottesdienstgemeinschaft hinaus in die Gemeinde und zu den Mitmenschen hin, und aus dem Gottes-Dienst nimmt Dienst am Nächsten Gestalt an. Das Haus Gottes als Symbol unseres gemeinsamen christlichen Lebens – davon bin ich zutiefst überzeugt – wird in der Lage sein, allen Stürmen der Zeit entgegenzuwirken und zu trotzen. Die Botschaft vom Reich Gottes bildet das Fundament des Baues. Nächstenliebe und Menschenfreundlichkeit bilden seine Pfeiler. Einmütigkeit und Eintracht sind der Mörtel, der die einzelnen Steine des Gebäudes zusammenhält.

Füreinander Segen sein

Wir sind dazu aufgerufen, immer mehr die Liebe Gottes zu repräsentieren, immer mehr selber zur Liebe Gottes zu werden! Solange ich nicht zu jedem Einzelnen sagen kann: »Ich liebe dich!«, solange sind wir nicht wirklich reif zur wahren Gottes-Erkenntnis, Selbst-Erkenntnis und Nächsten-Erkenntnis!

Ich weiß, dass das ein hoher Anspruch ist; doch darunter können wir nicht gehen. Unser Leben kostet etwas; unser Leben kostet unser ganzes »Ja!« Es geht ja bei diesen Überlegungen nicht darum, einfach nur den Anderen zu bejahen, so, wie er ist; sondern es geht darum, ihn zu lieben, und in der Liebe gibt es nicht nur das Ja, sondern auch das Nein!

Ich sage dies, weil ja jeder von uns weiß (und je länger wir in unserer Gemeinschaft sind, umso deutlicher werden auch die subtilsten Fehler, die jeder von uns hat), dass es darum geht – wie Benedikt es ausdrückt –, den Sünder zu lieben, aber die Fehler zu hassen. Darum wollen wir uns bemühen, weil wir einander segnen, weil wir wissen, dass Gott uns gesegnet hat und uns segnet und uns liebt!

Deswegen sind wir aufgerufen, in Gemeinschaft miteinander einen Weg zu gehen, wo wir einander helfen, in unserer Liebe zu wachsen, in unserem Glauben an das »Ja!« Gottes zu uns zu wachsen, in unserer Hoffnung zu wachsen, und die Liebe, die Christus zu uns hat, durch unser Leben zu verkünden – und das beginnt in unserer Gemeinschaft!

Wie leicht ist es, alle möglichen Sozialprojekte anzufangen

und nach außen tätig zu sein und zu sagen: »Wir müssen dies und jenes tun, damit die Nächstenliebe gewahrt wird!«, wenn wir es miteinander so schwer haben! Daher ist es wichtig, dass wir uns in Liebe und in Aufmerksamkeit unsere Fehler auf der einen Seite zugestehen und auch benennen und ehrlich für-einander und vor-einander da sind. Alle diese Aspekte, die Benedikt aufschreibt, damit das Leben sich regelt und damit das Leben in Gemeinschaft sich regelt und gut wird, müssen wir mit berücksichtigen! Es geht nicht darum, einander einfach platt unsere Fehler vorzuwerfen; sondern es verlangt eine hohe Diskretion.

Wir tun uns vielleicht schwer mit unterschiedlichen Verhaltensweisen und unterschiedlichen Einstellungen zum Leben, zum monastischen Leben, zur Liturgie, ich weiß nicht, was für Punkte noch. Charakterschwächen, Neid, Eifersucht, kleine Lieblosigkeiten, Oberflächlichkeiten, all diese bilden ja den Sand im Getriebe einer Gemeinschaft. Wir müssen sehr, sehr aufpassen und sensibel dafür werden, dass wir nicht aneinander vorbeilaufen ... dass wir auf der einen Seite gleichgültig füreinander werden und sagen: »Der soll das ruhig machen! Ich bin großzügig ...« und dadurch ein Laisser-faire pflegen; das tut keiner Gemeinschaft gut! So werden wir ein Haufen von Individualisten und vergessen, dass es auch zur Liebe gehört, correctio fraterna zu üben, die brüderliche Korrektur! Andererseits kann es auch nicht darum gehen, dass wir kritiksüchtig werden; dass uns das Haar in der Suppe auffällt, dass wir jeden kleinsten Fehler und jeden Fehltritt des Anderen durchhecheln und kritisieren.

Auf die richtige Form kommt es an! Und wie wichtig ist es, immer wieder den Maßstab der Liebe anzulegen! Und nur wenn wir uns fragen: Was mehrt die Liebe untereinander in unserer Gemeinschaft?, dann werden wir auch das rechte Maß finden, wie wir miteinander umzugehen haben.

Als Benediktiner müssen wir lernen, wenn wir in Gemeinschaft leben wollen, dass wir das rechte Maß an Nähe und Distanz üben! Wir können nicht wie Kletten aneinanderhängen, und wir dürfen auf der anderen Seite auch nicht zulassen, dass sich jemand zu weit von der Gemeinschaft entfernt oder dass die Gefahr besteht, dass wir gleichgültig werden. Denn die Liebe ist nicht gleichgültig; die Liebe ist leidenschaftlich!

Unser Unterfangen, miteinander unter den Augen Gottes zu wohnen, zu beten und zu arbeiten, ist nichts Unmögliches. Denken wir jeden Tag, ja stündlich daran, dass wir aufgerufen sind, Christus nachzufolgen – und das heißt: seine Liebe untereinander zu verkünden! Das ist nichts Unmögliches!

Das Maß all unseres Tuns ist die Liebe; das Maß und der Auftrag ist, einander gutzuheißen, füreinander zum Segen zu werden. Füreinander Segen zu sein, heißt für mich, dass wir einander lieben sollen. Und lieben heißt für mich, heißt für uns, gegenseitig unsere Liebens-Würdigkeit zu dokumentieren im wahrhaftigen Umgang miteinander, im Ja und im Nein, das wir einander zu sagen haben in der correctio fraterna auf unserem gemeinsamen Weg zu Gott.

Frieden in einer zerrissenen Welt

Für uns Benediktiner ist es wesentlich, den Frieden zu suchen und ihm nachzujagen, wie der Heilige Benedikt es im Prolog seiner Regel beschreibt.

Frieden – dieses wichtige Wort in dieser Zeit im Heiligen Land; Frieden, das ist ein Wort, das so viel Missbrauch erlebt und erfahren hat in der Geschichte der Menschen!

Aber Friede ist nicht nur ein Wort: Friede, das ist die Verheißung, die der auferstandene Jesus Christus seinen Jüngern gegeben hat. Darum feiern wir Christen die Versöhnung und den Frieden mitten in einer Welt, die zerrissen und gespalten ist.

Es ist unsere Aufgabe, die Welt daran zu erinnern, dass der wahre und echte Friede nicht von Menschenhand gemacht werden kann, sondern dass es die innige Verbindung mit Gott und die Suche nach Gott ist, die uns den wahren Frieden schenkt! Dieser Friede bedarf der Erneuerung durch uns und mit uns!

Die Abtei »Dormitio Beatae Mariae Virginis«

Das Kloster, dem Abt Benedikt vorsteht, befindet sich auf dem Berg Zion in Jerusalem, südlich der Altstadtmauer. Hier fand nach alter christlicher Tradition das Letzte Abendmahl statt; hier war das erste Lebenszentrum der Urkirche. Besonders verbunden ist der Ort mit der Gottesmutter Maria, die hier entschlafen sein soll.

Das »Obergemach«, in dem Jesus mit seinen Jüngern das Letzte Abendmahl gefeiert hatte, blieb für die ersten Christen Versammlungsort und Zentrum ihres gemeinsamen Lebens. Nach der Himmelfahrt Christi versammelten sie sich hier zum Gebet; hier wurden sie am Pfingsttag vom Heiligen Geist erfüllt. Auch das so genannte »Apostelkonzil« hat wohl auf dem Berg Zion stattgefunden.

Noch lange nach der Ausbreitung des christlichen Glaubens unter den Heiden bestand in Jerusalem eine judenchristliche Gemeinde, die neben dem Glauben an Christus auch einen Großteil der jüdischen Traditionen ihrer Vorfahren beibehielt. Eine nach der Zerstörung Jerusalems durch die Römer im Jahre 70 erbaute Synagogenkirche, die bis ins 4. Jahrhundert bestand, lässt vermuten, dass der Zion über Jahrhunderte das Zentrum der Judenchristen blieb, bis ihre Gemeinschaft in der konstantinischen Reichskirche aufging. Der heutige Abendmahlssaal in der direkten Nachbarschaft der Klosterkirche (in der jetzigen Form ein Bau aus der Kreuzfahrerzeit) steht auf den Fundamenten dieser Synagogenkirche und damit vermutlich am Platz des ursprünglichen Obergemachs.

Nach alten Überlieferungen soll außer den führenden Männern der Gemeinde – Jakobus, der Bruder Jesu, Johannes und

Petrus – auch Maria, die Mutter Jesu, auf dem Zion gelebt haben; hier soll sie auch gestorben sein. Daher wird auf dem Zion auch der »Entschlafung Mariens«, der »Dormitio Mariae« gedacht, nach der die Abteikirche benannt ist.

Die Bibel berichtet nichts über das Leben Marias nach Tod und Auferstehung ihres Sohnes Jesus. Nur einmal noch wird sie in der Apostelgeschichte erwähnt: Mit den Aposteln, Jüngern und Frauen ist sie im Obergemach, dem Raum des Letzten Abendmahls, im Gebet versammelt. Schon früh wurde es jedoch Brauch, hier auf dem Zion das Leben Mariens nach Jesu Tod und ihr Sterben anzusiedeln. Zwei Steine, die seit Jahrhunderten als Steine aus dem Haus Mariens verehrt werden, sind im Turm der Dormitio eingemauert.

Vom Tod Marias erzählt die Transitus-Legende: Maria sei der Tag ihres Todes durch einen Engel offenbart worden. Sie habe gebadet, sich festlich gekleidet und sich, umgeben von ihrer Familie und den Aposteln, auf ein Ruhebett gelegt. Zur offenbarten Zeit sei Christus erschienen, um die Seele Marias abzuholen und in den Himmel zu geleiten. Ihr Leichnam sei im Kidrontal nahe dem Garten Getsemani beigesetzt worden. Die Dormitio-Basilika ist dem Gedächtnis der »Entschlafung« (lateinisch: dormitio) Mariens auf dem Zion und ihrem stillen Hinübergang zum neuen Leben gewidmet.

Im Oktober 1898 konnte der deutsche Kaiser Wilhelm II. während seiner Orientreise von Sultan Abdul Hamid ein Grundstück auf dem Zion erwerben, das er dem Deutschen Verein vom Heiligen Lande »zur freien Nutznießung im Interesse der deutschen Katholiken« übergab. Damit war die Grundlage geschaffen, hier ein Benediktinerkloster, zunächst unter dem Namen »Dormito Mariae« bzw. »Mariae Heimgang«, zu errichten.

1906 trafen die ersten Benediktiner aus der Abtei Beuron auf dem Zion ein; am 10. April 1910 wurde die Kirche eingeweiht. Während des Ersten Weltkriegs konnte das Klosterleben zunächst ungehindert weitergehen; im November 1918 jedoch mussten die meisten Brüder den Zion verlassen und wurden interniert. Das Kloster wurde zeitweise von belgischen Benediktinern übernommen. Erst 1921 konnten deutsche Benediktiner auf den Zion zurückkehren. Damit begann die wohl ruhigste und friedvollste Zeit auf dem Zion, in der das Kloster bis zu vierzig Mitbrüder zählte. Am Fest Mariae Himmelfahrt 1926 wurde das Kloster zur Abtei erhoben; der bisherige Prior wurde der erste Abt der Dormitio.

Mit dem Ausbruch des Zweiten Weltkriegs wurden alle Deutschen im Heiligen Land interniert, so auch die meisten Mitbrüder der Dormitio; gegen Kriegsende konnten sie auf den Zion zurückkehren. 1948 war für die Abtei ein schweres Jahr. Zuerst hatte nach einem Blitzeinschlag ein Brand große Schäden angerichtet. Aufgrund der politischen Ereignisse um die Teilung Palästinas und die Gründung des Staates Israel evakuierte man am 30. Mai die Mitbrüder. Erst im Februar 1951 durften die Benediktiner in die Abtei zurückkehren, die durch die Kriegsereignisse schwer beschädigt worden war. Der Zion war nach dem Waffenstillstand israelische Militärzone am Rand des Niemandslands geworden. – Heute gilt der Besuch der Dormitio-Abtei als ein »Muss« bei jeder Jerusalem-Reise.

Von 1998 an wurde in Anlehnung an die 415 n. Chr. an dieser Stelle erbaute byzantinische Kirche Hagia Sion der Name »Hagia Maria Sion« verwendet. Aus Anlass des 100-Jahr-Jubiläums 2006 kehrte die Gemeinschaft aber wieder zum Namen Dormitio zurück.

Aus den Informationen auf der Homepage des Klosters

Heiliger Benedikt,
Meister und Vater der Mönche,
großer und fruchtbarer Baum.
Gesegneter im Himmel,
dessen Wunder uns trösten,
dessen Lehre uns fördert,
dessen Gerechtigkeit uns stärkt,
dessen Heiligkeit uns leuchtet,
dessen Liebe uns unterweist.
Geliebt von Gott und den Menschen weidet er die Herde Christi
durch sein Leben, seine Lehre, seine Fürbitte.
Sei uns Beschützer im Leben und im Tode.

Nach Bernhard von Clairvaux

KAPITEL V

»Der Egoismus bindet dich,
er entwickelt dich nicht!«

Was wichtig und wertvoll ist –
Vom Glauben getragen im Leben und Sterben

DAS FÜNFTE GESPRÄCH

Georg Schwikart: *Lassen Sie uns über den Themenbereich Liebe und Sexualität sprechen.*

Abt Benedikt: Dabei geht es ja zunächst einmal um das Thema Beziehung. Gemeinschaftsfähig ist nur der, der mehr zu geben bereit ist als zu empfangen. Unser Ego bereitet uns doch die größten Probleme. Die Ichbezogenheit – das ist ein Thema für die Ehe wie auch für die Ehelosigkeit. Die natürliche Tendenz zur Selbstsucht macht uns das schöne Miteinander so schwer. Wenn ich auf »Wolke 7« schwebe und verliebt bin, dann bin ich gern bereit, die Sterne vom Himmel zu holen. Aber wenn das dann mal Patina angesetzt hat und eine gewisse Alltagsschwere dazukommt, dann kommt der »alte Mensch« wieder durch.

Und der »alte Mensch« denkt zuerst einmal an sich selbst.

Das ist mir ein Schlüsselgedanke überhaupt für das Religiöse: Nicht *von* Gott zu leben, sondern *für* Gott zu leben; nicht *von* den Menschen zu leben, sondern *für* die Menschen zu leben. Der »neue Mensch« wagt genau das. Dazu kann auch die Erfahrung gehören, einmal ausgenutzt zu werden. Doch ich bin sicher, wer sich darauf einlässt, der wird auch die wunderbare Paradoxie erleben: Wer gibt, der empfängt! So habe ich Gott verstanden: Er hat uns das selbst in Christus vorgelebt.

Kann man das einüben?

Ja, und zwar täglich. Wir fallen ja täglich wieder auf unser altes System herein. Ich bin egoistisch; ich arbeite an mir, doch ich kenne mich auch … Doch – das darf uns immer wieder ermutigen – es ist nicht wichtig, wie oft wir fallen, sondern es ist entscheidend, dass wir wieder aufstehen. In guten Zeiten gelingt es mir besser; wenn ich nicht so gut drauf bin, dann gelingt es nicht so gut. Ja! In der Gemeinschaft erinnern wir uns gegenseitig daran. Wir streben doch nach etwas Höherem, nach Glücklichsein, nach Erfüllung, nach dem, was mein Leben wirklich nährt und froh macht. Da ist die Rückbindung an Gott im besten Sinne eine Lebenshilfe.

Sie wissen aber auch, dass Religion das Leben der Menschen schwerer machen kann, als es ohnehin schon ist.

D'accord. Ich spreche von der inneren Haltung. Es geht darum, den Blick auf Gott zu lenken. Aber ich warne davor, Religion auf eine Sexualmoral zu reduzieren. Sie soll Lebenshilfe sein und Orientierung bieten. Sie soll mir ins Leben verhelfen und eben nicht das Leben noch schwerer machen, als es schon ist. Manche haben so hohe Ideale aufgebaut, dass sie darunter zerbrechen. Da müssen wir wieder ehrlich werden, auch in der Kirche. Ehrlich werden, was unser Maß, unsere Fähigkeiten, was unsere Schwächen angeht – und keine moralischen »Potemkinschen Dörfer« aufbauen. Daran gehen wir kaputt.

Also, Religion ist mehr als Moral, und dennoch haben die beiden etwas miteinander zu tun.

Religion bedeutet »Rückbindung an Gott« und darf nicht mit »Moral« gleichgesetzt werden. Dennoch – das ist richtig – hat Moral auch etwas mit Religion zu tun. Bei glaubenden Menschen kann eine Haltung der Liebe wachsen, eine Haltung der Freiheit, des Dienens, der Demut. Da gibt es wunderbare Beispiele – aus dem Bereich der Religion, aber auch aus ganz anderen Zusammenhängen –, wo Menschen mehr geben, als sie empfangen. Und die strahlen etwas aus: eine Zufriedenheit, die mir imponiert. Der Egoismus bindet dich, er entwickelt dich nicht!

Nun ist jeder Mensch ein sexuelles Wesen. Priester, Mönche oder Nonnen sind ja nicht »gegen« die Sexualität.
Aber sie begegnen ihr mit dem Ideal der Keuschheit.
Nur: »Keuschheit« klingt ziemlich antiquiert.

»Keuschheit« klingt vielleicht für viele antiquiert, aber sie ist es nicht. Jede partnerschaftliche Beziehung – wie die Ehe – sollte »keusch«, d. h. nicht Ich- sondern Du-bezogen sein, rein, frei von egoistischer Selbstbefriedrigung. Ich denke, jedem ist klar, wie zerbrechlich ein so kostbares Gut und Ideal ist. Unser Leben im Kloster ist nicht »normal«. Normal wäre es, in einer Partnerschaft zu leben, vielleicht zu heiraten und Kinder zu bekommen. Wir verzichten auf eine Familie. Wir verzichten auf die Befriedigung der Sexualität in dieser Hinsicht. Dennoch, wir im Kloster – Frauen wie Männer – bleiben sexuelle Wesen. Wir leben ehelos, doch dieses Wort verkürzt die Sache. Es geht nicht nur darum, nicht in einer Ehe zu leben. Oder der Begriff Zölibat. Der reduziert auf das, was *nicht* da ist. Ehelosigkeit zu geloben ist eine Antwort auf eine göttliche Berufung. Das ist ein Geheimnis, das der, der es lebt, letztlich nicht erklären kann.

Wir bleiben Menschen, mit dem Bedürfnis nach Nähe und Zärtlichkeit. Das ist ja alles da. Es geht nicht darum, uns besondere Härten anzutun, als wenn Gott daran Freude hätte. Es geht auch nicht um Unterdrückung der Gefühle. Wer seine Emotionen auf Dauer unterdrückt, wehe dem, denn das muss irgendwann platzen. Natürlich, es gibt die Meister im Verdrängen, aber die leben unheil.

Und was war jetzt mit der Keuschheit?

Genau, da kommt jetzt der Begriff der Keuschheit ins Spiel: Er steht für den Freiraum der Gottsuche. Das heißt aber nicht, dass es nicht auch die einsamen Stunden gibt. Und auch der Mensch im Kloster kann fallen, weil er seine Gelübde nicht halten kann. Aber ist das das Schlimmste? Die Kirche – so erscheint es Vielen – hat lange Zeit Glaube und Moral gleichgesetzt, aber so ist es nicht. Gott ist nicht Chef einer Moralabteilung im Himmel. Er ist der barmherzige Gott!

159

Das klingt wohl gesetzt, was Sie da sagen, doch mich würde interessieren, wie es Ihnen konkret damit geht: Haben Sie nie bereut, Ihren ehelosen, keuschen Weg beschritten zu haben? Ich hoffe, mit meiner Frage trete ich Ihnen nicht zu nahe.

Ihre Frage ist berechtigt. Und ich stelle sie mir selbst. Was mir, Benedikt Maria, die Kraft gibt zum zölibatären und keuschen Leben, das ist die Sehnsucht, in der Stille und Abgeschiedenheit mit Gott allein zu sein. Das ist der rote Faden meines Lebens, etwas plakativ ausgedrückt: Meine Partnerschaft mit Gott! Und das ist es mir wert. Das ist mir kostbar. Denn das erfüllt mich und gibt mir viel Kraft. Bedenken Sie, Jesus war auch ein Mann! Und der hat schon gesagt, wenn du eine Frau nur lüstern ansiehst, hast du bereits die Ehe gebrochen. Kennen wir das nicht alle? Aber muss ich mich deswegen schon moralisch verdammen? Eher im Gegenteil: Ich bin froh, dass ich auch normal geblieben bin.

Zur Normalität gehört auch, dass manches frustrierend sein kann im Bereich Liebe und Sexualität.

Wie viel Frustration gibt es in partnerschaftlichen Beziehungen! Man kann viele »vernünftige« Argumente gegen das Gelübde der Ehelosigkeit aufzählen. Doch mit der ausschließlichen Liebe zu Gott – Ihm ganz gehören zu wollen – ist es wie mit der Liebe zwischen zwei Menschen: auch sie können mir letztlich nicht ihre gegenseitige Liebe »vernünftig« erklären. So geht es auch mir. Auch ich kann letztendlich niemandem erklären, warum ich – so, wie ich lebe – glücklich bin. Vielleicht sieht man es mir an. Aber vielleicht sieht man mir manchmal auch meine Frustration an.

Wie kann man denn den Begriff der Keuschheit positiv darstellen?

Keuschheit heißt für mich: weg von der Selbstsucht und sich dem anderen zu schenken. Und die Überraschung, dass ich dafür reichhaltig beschenkt werde. Aber nicht kalkulierend! Das kann es in der Ehe geben, wie auch im Kloster. Das absichtslose Schenken! Kinder können das. Die kommen mit aufgeschlagenen Knien und bringen ein paar kaputte Blümchen an. Da ahnt man doch, dass allein die Freude für den anderen das Motiv des Handelns war. Das hat etwas mit Reinheit und Absichtslosigkeit zu tun.

Die andere Seite ist die Selbstsucht: Ich will die Befriedigung haben! Ich, ich, ich. Ob die Keuschheit immer durchzuhalten ist, das ist noch einmal eine andere Frage. Aber als Korrektiv ist sie von großem Wert und für das Gemeinschaftsleben wichtig.

Unsere Umwelt in Deutschland ist voller sexueller Reize, selbst die Werbung für Autos oder Eis am Stiel. Im Internet und im Fernsehen ist Erotik alltäglich geworden.

Dazu möchte ich eine kleine Anekdote erzählen. Mit einem Mitbruder besuche ich ein koptisches Kloster in Ägypten. Vor dem Eingang warten wir mit einer Reihe anderer Touristen, darunter eine Dame mit einem recht gewagten Minirock. Dann kommt ein Mönch heraus, sieht die Frau und bittet sie ganz höflich, sich doch etwas umzulegen. Das ist doch hier in der Nähe zum Orient üblich. Die Begründung des Mönches war nicht moralisch. Sondern er sagte: »Es tut mir nicht gut.« – Die Frau war schick und attraktiv, für jeden Mann eine Augenweide. Durch die Äußerung des Mönches ist die Dame nicht beschämt worden; sie war auch nicht beleidigt. Das war o.k. so. »Es tut mir nicht gut.«

Das wäre wahrscheinlich eine große Erkenntnis: Nicht alles, was man uns anpreist, tut uns gut. Doch überall erschallt die Botschaft der Moderne: »Have fun!«, habe Spaß!

Ich glaube, dass wir oftmals fremdgesteuert sind. Es gibt ja eine regelrechte Spaßindustrie. Man bekommt den Eindruck, ich muss jetzt auch Spaß haben, sonst bin ich out. Allein: Zu viel Spaß macht nicht glücklich. Es gibt da eine Übersättigung. Es geht ja nicht darum, keinen Spaß haben zu dürfen. Wer mit trauriger Miene herumläuft, ist ja nicht näher am Evangelium. Wenn Jesus so spaßlos gewesen wäre, hätte er sich nicht auf so vielen Feten herumgetrieben? Dann hätte es bei der Hochzeit zu Kana kein Weinwunder gegeben!

Und was sagt Benedikt dazu, der Ordensgründer?

Die benediktinische Sichtweise kommt wieder mit dem Maß. Die Spaßmacher der Nation gaukeln uns doch vor: Wenn du meinen Spaß kaufst, bist du glücklich. Wir glauben, das Glück erreicht man auf anderen Wegen. Mönchsleben ist eine Konfrontation mit sich selbst: immer klarer in den Spiegel schauen. Wer in einem solchen Lernprozess den Frieden mit sich selbst findet, ist glücklich zu preisen.

*Der benediktinische Leitspruch heißt ja: »Ora et labora«.
Dass Mönche beten, verwundert nicht. Aber wie steht es ums
Arbeiten? Versteht man das im Kloster als ein notwendiges Übel,
das nur vom Beten abhält?*

Nein, das Arbeiten gehört zum Leben. Es ist uns Menschen aufgetragen, zu arbeiten und damit auch Kultur zu entwickeln. Arbeit ist ja nicht nur etwas, das einen knechtet. In meiner Arbeit – und sei sie noch so einfach – kann ich auch den Sinn erkennen, für Andere zu leben, ihnen zu helfen, zu dienen, für Andere da zu sein. Allerdings, die Nazis haben den Begriff mit ihrem perversen Spruch »Arbeit macht frei« negativ belastet. Dennoch: Arbeit gehört zum Menschsein. Wir sollen unser tägliches Brot verdienen. Arbeit kann uns erfüllen. Leider gibt es viele Menschen, die in ihrer Arbeit genau das nicht finden. »Ich möcht so gern am Fließband stehn, am Fließband stehn, am Fließband stehn …«

*Nun haben Sie in der Abtei kein Fließband, aber da sind
bestimmt dennoch einige Sachen zu erledigen, um die sich
keiner reißt.*

Na klar. Im Kloster haben wir die Chance, jeden nach seinen Begabungen zu unterstützen. Die Benediktiner waren immer auch Kulturträger, ob nun in der Architektur oder in der Landwirtschaft, in der Wissenschaft oder Kunst. Aber es ist auch viel Alltag zu leisten, es ist das Putzen zu bewerkstelligen, der Tisch zu decken. Da sehen wir auch zu, dass alle – vom Abt bis zum Kandidaten – die einfachen Arbeiten, den Wochendienst, zu leisten haben. Auch diese Arbeit hat ja einen Wert, weil ich sie im Dienst für die Brüder tue. Es muss sich nicht jeder selbst seinen Teller holen, der Tisch wurde ihm von einem anderen gedeckt. Es gibt so etwas wie eine Liturgie des Alltags.

Wie kann man sich das konkret vorstellen
in Ihrer Gemeinschaft?

Jeden Morgen nach der Messe haben wir eine kurze Besprechung. Da wird geklärt, was diesen Tag erfüllt. Und wenn nichts Außergewöhnliches ansteht, geht jeder an seine Arbeit. Es wird bestimmt niemand behaupten, dass dann jeder Tag gleich erfüllend ist. Aber gerade die »Stillen im Lande« sind die Säulen einer Gemeinschaft. Wir haben auch im Kloster einfache Arbeiten wie in der Küche oder im Refektorium, in der Weihrauchproduktion oder in der Kerzenwerkstatt. Es scheint daneben dann die privilegierten Arbeiten zu geben; als Abt habe ich oft der Liturgie vorzustehen oder zu repräsentieren. Aber der Abt muss nicht immer da sein, der Koch allerdings schon – der muss da sein. Und die Blumen müssen gegossen werden …

Wie hat der Ordensgründer Benedikt das denn gesehen?

Benedikt hat – von seiner Zeit her ist das zu verstehen – Wert darauf gelegt, dass es im Kloster keine Rolle mehr spielt, ob du als Sklave oder als Freier ins Kloster gegangen bist. Du sollst dort von deiner eigenen Hände Arbeit leben. Das macht alle in gewisser Weise gleich. Doch die Arbeit kann einen auch überfordern. In der Benediktsregel gibt es ein eigenes Kapitel über das Problem: Ein Bruder bekommt eine Arbeit, die ihn zu überfordern scheint. Dann soll er das dem Abt sagen.

Und wie geht der Abt dann mit solch einer Rückmeldung um?

Er versucht auf den Bruder und sein Problem einzugehen. Sehen Sie, ich selber habe auch – weil ich ein recht ängstlicher Mensch war oder vielleicht auch noch bin – vor mancher Arbeit etwas Angst. Schaffe ich das auch? Wir sind ja immer auf den Erfolg aus, die Sachen müssen uns super gelingen. Manchmal muss man jemandem helfen, dass er seine Furcht überwinden kann, um sich da noch einmal ganz neu entdecken zu können. Aber andere überschätzen sich auch in ihrem Können; dann muss man auch da die Grenzen aufzeigen. Da heißt es zu schauen, was der Einzelne kann, wo man ihn fördern kann – und auch, was er nicht kann.

Da haben Sie es aber gut. In der Welt draußen nimmt man selten solche Rücksicht.

Für die Leute in der Welt ist das kein Trost, das weiß ich wohl. Aber dafür bin ich eben dankbar, dass wir im Kloster andere Möglichkeiten haben. Im Kloster üben wir die Bereitschaft, dem anderen zu dienen, nach dem Motto: »Ich trage mit meiner Arbeit zum Wohl der Gemeinschaft bei.« Wir üben den Blick für die Einheit, damit alles zusammenhält. Das kann mir auch helfen, manche Arbeiten zu tun, die mir eigentlich schwer fallen.

Diese Haltung wäre ja auch sinnvoll für ganz weltliche Unternehmen, denn was der Gemeinschaft dient, kommt ja dem Einzelnen zugute.

So ist es. Und gleichzeitig ist bei uns nicht alles ideal, das wäre ja eine naive Vorstellung. Ich will es einmal so ausdrücken: Wenn ich eine Pflanze in die falsche Erde stecke, wird sie nicht wachsen, wie sie es könnte. Die Kaktee braucht sandigen Boden, eine andere Muttererde. In Gottes Kräutergarten wachsen viele Pflanzen. Es wäre Augenwischerei, zu sagen, dass es für alle nur erfüllende Arbeit gibt. Benedikt sagt, wenn sich ein Handwerker zu viel auf sein Können einbildet, soll man ihm die Arbeit wegnehmen. Es gibt einen Hochmut im Kloster, diese Einstellung: »Ich trage am meisten zur Gemeinschaft bei.«

Das scheint eine Gratwanderung zu sein. Man braucht Profis, zumindest Könner, aber die dürfen sich nicht zu viel auf ihr Können einbilden.

Ich meine, wir in der Dormitio-Abtei haben das ganz gut gelöst. Ich weiß aber auch: Früher sind durchaus auch Ordensleute kaputtgemacht worden, weil man von ihnen im Gehorsam über Jahre oder Jahrzehnte Arbeiten verlangte, die ihnen nicht lagen, die sie nicht erfüllten. Als reine Demutsübung! Daran ist mancher zerbrochen. Da müssen wir in unserer Zeit stark darauf achten. Es geht nicht darum, den Individualismus zu fördern, wohl aber das Individuum.

Ich bin ja Krankenhausseelsorger, ich habe junge und alte Menschen begleitet, bis in den Tod. Auch Angehörige, die mehr oder weniger hilflos dabeistanden. Der letzte Atemzug – ich kann so gut die Leute verstehen, die Angst vor den Apparaten im Krankenhaus haben. Man darf das Leiden nicht glorifizieren! Das ist nichts Erstrebenswertes. Aber wenn es kommt, dann hat es auch eine Botschaft. Wer leidet, der braucht jemanden an seiner Seite. Aus meiner eigenen Erfahrung als Krankenhausseelsorger weiß ich: Manchmal ist das schweigende Mit-Tragen besser, als Worte zu sagen, die vertrösten. Die Kunst, Trost zu spenden, kann auch manchmal darin liegen, gar nichts zu sagen und nur die Hand zu halten. Die Frage lautet: Was braucht der andere jetzt in diesem Moment? Vielleicht auch, dass ich die Tür hinter mir zumache …

Ich habe eine große Ehrfurcht vor dem Sterben eines Menschen. Ich bin davon überzeugt, dass unsere Seele oftmals viel klüger ist als die Ratio. Wir machen uns ein Bild vom Sterben, von dem, der da liegt; wir sind traurig darüber, dass einer geht – bei mir sind diese Gefühle immer mehr einem Respekt gewichen, im besten Sinne. Wenn Gott ihn zu sich heimholt, dann wird alles gut.

Stirbt man im Kloster anders?

Mein erster Todesfall hier im Kloster war Pater Paul. Er war weit über 80 Jahre alt, mit langem wallenden Bart, ein klassischer Mönch par excellence. Pater Paul verteilte in der Rekreation gern uralte Scho-

kolade, die er von Pilgern geschenkt bekommen hatte. Er freute sich immer, wenn ich von einer Reise zurückkam. Eines Tages wurde er krank, er musste ins Krankenhaus. Dort bat er mich flehend – er war mehr als doppelt so alt wie ich! –: »Vater Abt, holen Sie mich doch nach Hause! Ich will doch wieder nach Hause.« –

»Es geht doch noch nicht«, wehrte ich ab, »die Ärzte lassen es doch noch nicht zu.«

Er wurde dann doch wenig später entlassen, und am gleichen Abend ging ich zu ihm. Bruder Michael und ich halfen ihm beim Abhusten. Wir sagten dann, wir kämen um ein Uhr in der Nacht wieder, um die Prozedur zu wiederholen. Er sollte erst einmal schlafen. Um ein Uhr treffe ich mich also mit Bruder Michael vor der Tür von Pater Pauls Zimmer, wir gehen hinein, da ist er gerade verstorben. Ohne uns, ganz allein. Und ich denke mir: »Ja, du bist nach Hause gekommen. Du bist deinem Gott gegenübergetreten – als Mönch in deinem Kloster gestorben.«

Ich habe jetzt auf unserem Klosterfriedhof eine Bronzeplastik des Barmherzigen Vaters aufstellen lassen. Das ist für mich das schönste Bild.

Ist das Ihre Erfahrung, die in diesem Bild zum Ausdruck kommt?

Als Jugendlicher, als pubertierender Junge, litt ich unter Asthma. Irgendwann hatte ich dann so einen schlimmen Anfall, dass meine Eltern den Arzt riefen, und ich dachte, ich sterbe. Diese Not, diese absolute Not! Und dann ist mein Vater gekommen und hat mich in den Arm genommen. Und in dem Moment löste sich alles. Ich spürte: Jetzt ist es gut, ich kann alles lassen. Das war die Erlösung von jeglichem Krampf. Und ich weiß – ich kann das niemandem beweisen, aber ich weiß es –, wenn ich einmal sterbe, dann werde ich genau so sterben. Wenn ich das Aushauchen des Atemzuges eines Menschen erlebe, dann ist etwas von dieser Präsenz da. Dann spüre ich etwas davon. Der barmherzige Vater wartet auf mich.

Das klingt so abgeklärt. Sie weinen nicht, wenn einer stirbt?

Ich kann auch weinen beim Sterben eines Menschen. Aber das ist heute ein anderes Weinen als früher, weil ich zutiefst von der Erlösung überzeugt bin, vom Durchgang in die Freiheit. Das ist meine persönliche Erfahrung. Ich habe an der Seite von manch einem gesessen, mit dem ich gemeinsam in das dunkle Loch geschaut habe. Seine Hand halten und bei ihm sein, viel mehr ist oft nicht möglich – und auch nicht nötig.

Hier im Kloster wird der Tod nicht verdrängt. Der Verstorbene wird aufgebahrt. Es werden die Nachbarn informiert. Der Verstorbene liegt in seinem Sarg, wir müssen dafür sorgen, dass der Raum kühl bleibt, am nächsten Tag muss er beerdigt sein. Es ist immer jemand bei ihm, der Sarg steht offen hier im Haus. Auch in der Kirche, bis nach der Totenmesse. Dann tragen wir ihn auf den Friedhof und singen ein österliches Marienlied. Und feiern ein großes Fest. Im Speisesaal steht dann am Platz des Verstorbenen ein großes Kreuz, und wir feiern mit Wein und mit allem, was dazugehört, mit mehreren Gängen.

Pater Paul ist zwar allein gestorben, aber nicht einsam …

Er ist nach Hause gekommen! Ich habe mich richtig gefreut für ihn. – Das Sterben hat etwas mit Schmerz, Verlust, Alleingelassenwerden, Ratlosigkeit zu tun. Auch Mönche fragen: »Was geschieht denn dann im Sterben mit mir?« – Auch diese drängenden Fragen gibt es bei uns. Das wäre auch mal ein Thema: der praktische Atheismus in den Klöstern …

Erzählen Sie mehr davon!

Die Angst: Was wird denn dann sein? Was passiert dann mit meiner Seele? Die Angst kann auch hier sein, im Kloster wie in der Welt. Dafür kann aber auch ein junger Mensch sehr erfüllt sterben. Und der Erfahrene, der sich mit Händen und Füßen gegen den Tod sträubt, weil er doch übermorgen wieder gesund ist. Wo ich hier wie dort die Hände überm Kopf zusammengeschlagen habe, das gibt's doch nicht. Der reife Junge und der fragende, von Zweifeln durchbohrte Alte. Das will ich gar nicht werten oder mit dem Finger darauf zeigen.

Nun kann man ja mit einem Sterbenden nicht diskutieren. Was kann man anderes machen, als Zeugnis vom eigenen Vertrauen abzulegen?

Ich kann einen Weg mitgehen. Aber es ist tatsächlich so, die letzten Schritte muss der Sterbende selbst gehen. Ich kann die Hand halten, nicht krampfhaft, sondern offen. Ich kann mitgehen, aber nicht über die Schwelle. – Weiß ich denn, wie ich einmal gehen werde? Ich weiß es nicht, aber ich habe

Hoffnung, gerade hier: Dormitio Mariae! Der Ort, an dem Maria gestorben ist. Gestorben zur Auferstehung. Unser Patrozinium ist das Fest Maria Himmelfahrt. Die orthodoxe Kirche verkündet in ihrer Bildsprache: Wenn du einmal stirbst, so wird Christus dich in den Arm nehmen, wie er die Seele Mariens empfangen hat.

Den Tod empfindet der Mensch als Bedrohung.
Es gibt 80-Jährige, die man nicht alt nennen darf,
mit denen man nicht über den Tod sprechen darf.
Was kann man tun, um diese Verdrängung aufzulösen?

In der Benedikts-Regel heißt es: »Den drohenden Tod täglich vor Augen haben.« Das ist eine knallharte Form, täglich an den Tod zu denken. Memento mori, das relativiert auch viel. Ja, der Tod relativiert viel, unser ganzes Leben. Der Tod kann täglich kommen, jede Minute. Ich bin nicht so ganz damit einverstanden, wenn Benedikt vom

»drohenden Tod« spricht. Da kann es einem ja nur kalt den Rücken runterlaufen. Der Tod ist auch ein Segen für den Menschen, eine Erlösung. Für mich wäre der große Horror, ewig auf der Erde leben zu müssen, und ich lebe gern! Ewig zeitlich, nein. Der Tod hat auch etwas Tröstendes. Dadurch wird ihm gar nichts von seiner Härte genommen, wie viele schreckliche Formen des Todes gibt es! Aber ganz grundsätzlich und neutral: Der Tod ist eine Hilfe, sein Leben zu bestehen und in Freiheit zu verantworten. Zu wissen: Eines Tages ist es vorbei, was mache ich aus meinem Leben?

Ich habe einmal in einem Kinderbuch den Satz geschrieben: »Alle Menschen sterben«. Die Lektorin hatte ihn verschlimmbessert in: »Alle Menschen müssen sterben.«

Das ist etwas ganz anderes!

Was aber, wenn der Tod nicht sanft kommt wie bei Pater Paul, sondern brutal und grausam? Oder wenn sogar das Leben schlimmer ist als der Tod? Dann fragen wir nach der Theodizee, also: Wie kann Gott das Leiden auf der Welt zulassen?

Ich habe mit jüdischen Freunden drüber gesprochen. Ich habe mich immer schwer getan mit Aussagen wie: »Gott nach Auschwitz«. Ich bin zutiefst davon überzeugt, dass unsere Seele göttlichen Ursprungs ist und dass Gott mit jedem Einzelnen den Weg geht. Dass Gott nirgendwo mehr präsent war als in Auschwitz, in jedem, der dort malträtiert wurde! Ich bin davon überzeugt, dass Gott gerade in den Tätern leidet, die ihre Freiheit so missbrauchen und dadurch Gottes

Liebe verunstalten. Umso mehr bin ich davon überzeugt, wenn ich glaube, dass Christus Gottes Sohn ist. Er ist der mitleidende Gott. »Vater, vergib ihnen, denn sie wissen nicht, was sie tun.«
Ich glaube, dass wir von Gott zu klein denken. Ich weiß natürlich zu wenig von Gott. Aber ich vertraue auf Jesus, den er uns geschickt hat. Die Bibel erzählt uns doch immer vom mitempfindenden Gott.

Elie Wiesel erzählt in seinem bewegenden Buch »Die Nacht zu begraben, Elischa«, wie er ein Kind am Galgen hängen sieht. Da fragt einer nach Gott, und Wiesel antwortet: »Da hängt er!«

Gott, so beschreiben ihn die Heiligen Schriften, ist »Immanuel«, der Gott mit uns. Er ist mit uns und leidet mit uns – auch und gerade in den unfassbaren und unbeschreiblichen Nöten unseres Lebens und Sterbens. Ich kann mir keinen Gott vorstellen, der unberührbar und gefühllos ist, der die Puppen tanzen lässt. Das wäre für mich ein Moloch. An solch einen Gott würde ich nicht glauben wollen. Ich vertraue dem Gott, der groß ist und jeden Weg mitgeht. Das ist in mir sehr lebendig. Das Kreuz Christi ist meine Hoffnung!

Gestatten Sie mir abschließend noch die Mutter aller Fragen: Was hat Leben für einen Sinn? – Wie antwortet der Abt darauf?

Ganz naiv: Ich kann den Sinn des Lebens nur durch den Glauben erkennen. Wenn es Gott nicht gäbe – dann wäre doch alles »puff und weg!« – Die Haltung kann man mir als Schwäche auslegen, aber das ist mir auch egal. Ich spüre nur: Ich bin glücklich mit dem Glauben an den Gott, der möchte, dass ich glücklich werde.

Advent – Zeit der Erwartung

Wir Menschen stecken immer voller Erwartungen: Erwartungen, die an mich gestellt werden – Leistungszwänge, Druck von außen; Erwartungen, die ich an andere habe: Anerkennung, der Wunsch nach Beförderung, und vieles andere mehr.

Der christliche Advent setzt da einen ganz anderen Akzent: Advent ist die Zeit der anderen Erwartung – der Bereitung, der Neuorientierung, die Zeit der Reflexion und der Chance der Neuausrichtung. Advent ist die Zeit der großen Hoffnung, die aus dem Glauben kommt, dass die Liebe Gottes sich mir täglich neu enthüllen will bis zur endgültigen Erfahrung seiner Ewigkeit.

So steht die Zeit des Advents im Spannungsbogen zwischen Gegenwart und Zukunft. Gott, der mein Leben hier und heute, im Jetzt der Zeit, hält und sich so als gegenwärtig erweist, ist gleichzeitig der, den ich in der Zukunft erwarte, von dem ich das endgültige Heil erhoffe.

Zeit der Erwartung: Advent ist die große Einladung zur Besinnung, zur Kontemplation – als gegenwärtige Betrachtung vom Wort Gottes in der Heiligen Schrift, in Liturgie, Gebet und Arbeit, Alltag und Fest, die alle das Moment der Zukunft in sich tragen.

Ich erwähne und betone die große Bedeutung der Kontemplation, weil ich sie als geistliche Lebenseinstellung und -haltung verstehe. Sie ist keiner religiösen Gruppe vorrangig zu eigen. Kontemplation ist religiöse Wahrnehmung und Suche. Als solche gehört sie zur Struktur eines geistlichen Lebens – ob in einem Leben

der evangelischen Räte, in Gemeinschaft, in der Ehe, als Single oder wie und wo auch immer.

Christliches Leben als kontemplatives Leben ist ein Leben des Alltags. Kontemplatives Leben ist gegenwärtiges Leben in der geistlichen Aufmerksamkeit für den Augenblick, der mich hinweist auf den Zukünftigen. Aktivität, Kreativität, Bemühung, Dienst, Arbeit – das Leben des Alltags wird im Licht der Liebe und Treue Gottes gelebt und erfahren.

Umkehr

Solange wir den Menschen in den Mittelpunkt unserer Aufmerksamkeit stellen, werden wir Menschen an unserer Menschlichkeit scheitern. Erst wenn wir umkehren und Gott als unseren Ursprung, als unseren Weg und als das eine und einzige Ziel unseres Lebens ehren, werden wir menschlich miteinander leben, und die Menschlichkeit wird ihre Erfüllung finden.

Es ist mir klar, dass Begriffe wie Menschlichkeit, Gott, Gerechtigkeit, Frieden, Erfüllung, Liebe und so weiter in unterschiedlichen Zeiten und Epochen, Kulturen, Philosophien, Religionen unterschiedlich definiert werden, oder unterschiedliche Bedeutungen oder Verbindlichkeiten besitzen. Auch wir sind Kinder unserer Zeit, unserer Umstände, unserer Erziehung und Kultur. Aber genau hier muss der authentische Ansatz für ein Leben in Liebe gefunden werden. Als Christen, die sich dem jüdischen Glauben abstammend wissen, gilt es täglich neu, die Botschaft von der Liebe und dem Frieden Gottes beispielhaft und lebendig in diese Welt zu tragen. Doch das können wir nicht aus eigener Kraft oder Weisheit.

Unser Glaube und der realistische Blick in die Menschheitsgeschichte bis in die Gegenwart, in die großen und kleinen Zusammenhänge dieser Welt, zeigen uns, dass wir uns nicht selber retten, heilen, befreien, erlösen können. Selbst praktizierte Religiosität schützt nicht vor Irrtum, Fehlern, Sünde und Schuld. Also, wie kann der Weg aussehen?

Wir sind es gewohnt, für uns selbst und für andere von Gott alle möglichen guten Eigenschaften, Talente, Tugenden usw. zu erbitten. Die Gefahr dabei ist, dass ich mich in den Mittelpunkt stelle, weil ich gut sein will. Und hier liegen schon die unscheinbaren Wurzeln für Stolz, Hochmut, Besserwisserei, Konkurrenz, Vergleich, Minderwertigkeit und Hochmut, denn ich bin bemüht, dass ich in all den guten Dingen wachse und gedeihe! Der geistliche Hochmut, der Neid, sind große Gefahren im religiösen Leben: Ich lebe

von Gott, nicht für Gott, aber ich lebe für mich.

Umkehr bedeutet, von Gott her sein Leben zu gestalten, ihn groß sein zu lassen, von seiner Gnade sich abhängig zu wissen, von seiner Liebe, seinem Frieden zu leben.

Wir werden keine besseren Menschen aus uns selbst; wir werden diese Welt selbst nicht retten. Jetzt ist die Zeit der Umkehr, der Neubesinnung auf den, der allein gut ist, auf den, der allein der Retter und Erlöser der Welt ist, der Frieden bringt und die Liebe selbst ist. Ihm den Weg zu bereiten bedeutet, sich ihm ganz und gar anzuvertrauen. Er kommt auf uns zu. Gott sei Dank!

Kirche der Sünder

Das Bild der Ernte ist in der Bibel ein Bild für das kommende Gericht. Doch wie sieht das Gericht Gottes aus? Das Gericht ist die Verkündigung und das Angebot des Heils und der Gnade Gottes. Nehmen die Menschen dieses Angebot der Gnade und des Heiles Gottes an oder weisen sie es ab? Das Gericht Gottes, die Zeit der Ernte ist der Anbruch der Zeit göttlicher Liebe und seines Erbarmens. Jesus verkündet das Reich Gottes, und in ihm haben die Müden und Erschöpften einen bevorzugten Platz.

Ich sehe im Evangelium einen Auftrag Jesu an seine Kirche. Die Kirche ist das allumfassende Heilssakrament, das sichtbare Zeichen des Heiles Gottes. Die Kirche ist entstanden durch die Gnade Gottes, und sie ist sein Werk, um ein Gottesvolk zu sammeln und die Menschen zum Heil zu führen.

In allen Vollzügen der Kirche muss sich die Liebe zu den Menschen widerspiegeln. Die Kirche besteht aus konkreten Menschen, die Jesus nachfolgen wollen. Schon bei den Aposteln finden wir alle möglichen Temperamente und Charaktere, zum Beispiel den vorlauten Simon Petrus und den Zweifler Thomas, den liebenden Jünger Johannes und den Verräter Judas. Sie alle haben in der Gemeinschaft mit Jesus ihren Platz!

Wenn wir im Glaubensbekenntnis der Kirche beten: »Ich glaube an die heilige Kirche« – spüren wir dann nicht häufig ein Unbehagen und ein Zögern in uns? Es ist so deutlich und offenbar: In der Kirche gibt es viel Un-Heiliges, Menschliches und Unerlöstes, welches das Leben aus dem Glauben in der Kirche erschwert. Die Kirche ist aber nicht nur die Kirche der Heiligen, sondern auch die Kirche der Sünder! Wie Christus wahrer Gott und wahrer Mensch ist, so gehört auch zur Kirche, die sein Leib ist, das Göttliche und das Menschliche, das Geistige und Un-Sichtbare und das Leibhafte, Sichtbare. Die Geschichte der Kirche beweist es: Es ist ein Wagnis Gottes, seine Kirche den Menschen anzuvertrauen und sie zu Trägern des Heiles zu machen. Das Sündige, Unzulängliche, Unvollkommene und Armselige zeigt sich immer wieder in ihr.

Doch lassen sich auch unendlich viele Beispiele aufzählen, wo Menschen um Christi und der Leibe Gottes willen in der Kirche Gutes und Heiliges gewirkt haben und wirken. Wer wollte das leugnen? Es ist die Aufgabe der Kirche, schwache Menschen zu sammeln und durch dieses Leben zu führen im Glauben an Jesus Christus, der alle zum Heil und zur göttlichen Vollkommenheit führen will. Seine Gnade rettet uns!

Die Kirche verweilt wie die Schöpfung, wie die Welt, immer noch im Seufzen und erwartet die Offenbarwerdung der Kinder Gottes, so lesen wir im Römerbrief des Paulus. Gibt es denn nicht auch in unserer heutigen Zeit zahllose Menschen, die seufzen, die müde, erschöpft, trost- und hoffnungslos sind? Sind nicht auch heute viele Menschen wie Schafe, die »keinen Hirten haben«? Gott verurteilt die Menschen nicht. Gott hat Mit-Leid! Ist es nicht auch ein Wesenszug der Kirche, Mit-Leid zu haben? Das Evangelium sagt: »Christus ist nicht gekommen, Gerechte zu rufen, sondern Sünder!«

Ostern – Das letzte Wort heißt Leben

Vor einigen Tagen wurde ich von einem Journalisten in einem Interview vor die abschließende Frage gestellt: »Kann man denn in Jerusalem in dieser Zeit überhaupt Ostern feiern?« Meine spontane, weil unüberlegt aus dem Herzen sprudelnde Antwort lautete: »Ja! Gerade weil dieses Land so viele schmerzliche und leidvolle Karfreitage erlebt, dürfen und müssen wir sogar Ostern feiern!«

Beim späteren Nachdenken war ich überrascht von meiner spontanen Reaktion, doch stehe ich nach wie vor dazu: Ostern gibt es nicht ohne den Karfreitag! Der Auferstehung geht das Leiden und Sterben des Herrn voraus.

Das ist keine billige Vertröstung auf ein besseres Jenseits – das wäre angesichts der brutalen Realitäten zynisch! Ich spüre aber, dass gerade wir Christen in dieser Zeit aufgerufen sind, von der alles entscheidenden Mitte unseres Glaubens, nämlich von der Auferstehung Christi, Zeugnis abzulegen – nicht lärmend, sondern liebend!

Die Auferstehung Christi ist doch das A und O unseres Glaubens! Die Osternacht ist der entscheidende Unterschied: Sie ist die Wende! Jesus Christus ist »von den Toten auferweckt worden als Erster der Entschlafenen! Halleluja!« Alles Leid der Welt, alle Sinnlosigkeit, aller Schmerz und alle Sünde finden in dieser Nacht die alles umwälzende Antwort auf die Frage, warum dennoch das österliche Halleluja erklingen muss: Weil die Liebe das letzte Wort hat!

Das Saatkorn Hoffnung lasst uns mit vollen Händen, verschwenderisch, kühn über diesem kargen und lebensbedrohenden, ja zum Teil lebens-feindlichen Land aussäen! Die Botschaft der Liebe trägt einen Namen: Christus, der Auferstandene!

Das letzte Wort heißt nicht Tod; das letzte Wort heißt Leben! Ewiges Leben, Leben in Christus, Lieben in Christus! Von dieser Hoffnung geben wir Zeugnis, mögen sie uns auch alle für verrückt halten: Jesus lebt! Halleluja!

Doch seien wir uns auch im Klaren, dass unser »Ja!« zur österlichen Botschaft Konsequenzen hat – lebensentscheidende Konsequenzen: Der Weg der Liebe ist nicht nur österliches Lachen, sondern er birgt auch das karfreitägliche Leiden und das Aushalten des Karsamstags in sich. Die Nachfolge Christi ist Nachfolge der Liebe – sie ist der Sinn meines und deines Lebens! Die

Liebe kennt das Wachsen des Lebens in der Freude sowie das Reifen im und am Leiden.

Gott gebe uns Anteil an jener Liebe, die das ewig pulsierende Herz des Lebens ist und Christus heißt.

Generationenfolge

Ein Glaube an die Auferstehung der Toten ist nur für den annehmbar, der an die Macht des lebendigen Gottes glaubt. Es ist tröstlich zu wissen, ja, es ist eine Frohe Botschaft, dass wir nach unserem Tod nicht in das Nichts fallen. Jesus hat immer wieder das Bild vom himmlischen Hochzeitsmahl gebraucht. Zu diesem Hochzeitsmahl sind wir alle eingeladen!

Wir stehen auf den Schultern vieler Generationen, die vor uns gelebt haben. Wir tragen das Erbe unserer Väter und Mütter in uns. Vielleicht manchmal zu unserer Freude, vielleicht auch manchmal zu unserem Schmerz. Wir selbst sind Glieder einer Generationenkette, die auch nach uns fortgesetzt wird.

Das Gedenken an die Verstorbenen, unsere Fürbitte für sie, ist nicht sinnlos; es ist das Bekenntnis, dass wir alle von Gott geliebte Sünder und von Ihm zur Gemeinschaft der Heiligen berufen sind.

Gott zwischen Tellern und Pfannen

Wir sind eingeladen »Heilige des Alltags« zu sein. Im religiösen Alltag liegt der Same des einen großen, göttlichen Festes. Gott entdecken zwischen Tellern und Pfannen – das ist eine Empfehlung der Heiligen Teresa von Avila. Wir sehen die alltäglichen Dinge, die Sorgen, den Ärger, die Probleme meist nur als ärgerliche Last. Dabei ließe sich vieles davon auch entdecken als Möglichkeit, Talente und Fähigkeiten in sich zu entwickeln und zu fördern. Viele Aufgaben könnten auch erkannt werden als Symbole der Liebe zu Gott und zu den Menschen. Gott hat uns kein anderes Leben als dieses von heute und morgen gegeben.

Friede den Seelen

Sie sind ausgebrannt, perspektivlos, ohne Hoffnung, ohne Sinn und Ziel für ihr Leben, müde und erschöpft. Sie sehen übernächtigt, überarbeitet, überfordert aus. Wenn ich zu Besuchen in Deutschland bin und so manche Zeit in Zügen oder Wartehallen verbringe, schaue ich dem Treiben um mich herum gerne zu. Doch beim Blick in die Gesichter der Passanten beschleicht mich nicht selten das Gefühl, dass unsere Gesellschaft längst nicht so stark ist, wie sie sich offiziell geben möchte und wie sich offenbar auch viele selbst darstellen möchten.

Waren die Menschen zur Zeit Jesu glücklicher als heute? Auch sie hatten den Alltag zu meistern mit vielerlei Problemen. Jesus begegnete den Menschen mit Liebe. Durch diese Liebe allein kann der rastlose, gehetzte, unruhig suchende und friedlos lebende Mensch seine Erfüllung finden. Jesus lädt uns ein, ihm nachzufolgen, ihm in seiner Lebenshaltung und -gesinnung nachzueifern. Seine Verheißung: »So werdet ihr Ruhe finden für eure Seele!«

Zum Schluss:
Ein Nachtgebet für den Frieden

Gütiger Gott und Vater aller Menschen!
Du hast uns den Tag geschenkt, dir in Treue zu dienen,
und die Nacht für unsere Erholung.
Doch wir Menschen leben nicht die göttliche Ordnung,
die du aus Liebe zu uns und zu unserem Heil geschaffen hast.
Unsere Sünden stören die Harmonie und die Schönheit deiner
Schöpfung.
Unheil und Leid sind die Folgen von Krieg, Ungerechtigkeit, Hass,
Egoismus, Machtsucht und Besitzgier.

Wir stehen vor dir.
Stellvertretend für die Welt,
für die vielen Menschen, die gefangen sind in Not und Elend,
für alle, die nicht mehr beten können,
die sich von dir abgewandt haben
oder dich nicht kennen,
rufen wir zu dir, dem Vater unseres Erlösers
und Heilandes Jesus Christus.

Lob und Dank unserer Sehnsucht und unser Vertrauen,
Bitte und Hoffnung bringen wir im Geiste deines Sohnes zu dir.
Herr, höre nun unser Gebet und lass unser Flehen zu dir kommen!
Dir sei Ehre und Preis in Ewigkeit!
Amen.

Der Abt und seine Gemeinschaft

Benedikt M. Lindemann OSB (* 1958) ist Abt der Dormitio-Abtei in Jerusalem. Abt Benedikt, der mit bürgerlichem Namen Gerhard Lindemann heißt, stammt aus Welschen Ennest in der Gemeinde Kirchhundem im Sauerland. Er trat nach seiner Kriegsdienstverweigerung in den Orden der Benediktiner ein, und zwar in die Abtei Königsmünster in Meschede. In Barcelona (Spanien) studierte er, mit Erlaubnis seines Abtes, Taichiquan und war als Krankenhausseelsorger tätig. In der Abtei in Meschede war er Novizenmeister.

1995 wurde er zum Abt der Benediktinerabtei Dormitio in Jerusalem gewählt und 2003 in diesem Amt für weitere acht Jahre bestätigt. Abt Benedikt widmet sich in Jerusalem insbesondere der Friedensarbeit zwischen Israelis und Palästinensern, Christen, Juden und Muslimen. Er ist Gründer der Begegnungsstätte »Beit Benedikt«. Für sein Engagement wurde er 2004 mit dem Göttinger Friedenspreis ausgezeichnet.

Sein Anliegen ist die innere Erneuerung der benediktinischen Gemeinschaft, während die Aufgaben in der Ökumene, der Friedensarbeit und im Studienjahr für Theologiestudierende nach den bestehenden Möglichkeiten weitergeführt und erweitert werden. Seit 1997 sind nach längerer Zeit wieder mehrere Eintritte zu verzeichnen, so dass nun auch für das Wirken der Abtei nach außen neue Kräfte zur Verfügung stehen. Mit der Friedensakademie »Beit Benedikt« und der damit verbundenen Stiftung

»Hagia Maria Sion« kann die Gemeinschaft sich nun verstärkt für Frieden und Verständigung im Heiligen Land einsetzen.

Aus den Informationen der Homepage des Klosters

Aufgaben gibt es hier mehr als genügend. Sei es, dass wir auf der Grundlage benediktinischer Gastfreundschaft einen Platz für friedensnotwendige ökumenische und interreligiöse Begegnungen bereithalten – wofür wir mit Hilfe unserer »Stiftung Hagia Maria Sion« und unserer »Friedensakademie Beit Benedikt« weitere Möglichkeiten schaffen möchten –, sei es die Sorge um die heiligen Stätten und die sie besuchenden Pilger und Touristen, oder sei es auch durch die Durchführung des ökumenischen Studienjahres für deutschsprachige Theologiestudentinnen und -studenten. In Tabgha ist eine unserer wichtigen Aufgaben die Gastfreundschaft in unserer Jugend- und Behindertenbegegnungsstätte; hier können Gruppen von Kindern, Jugendlichen, Behinderten und Senioren aus sozialen Einrichtungen im Land ihre Ferienfreizeiten durchführen.

Unsere erste Aufgabe sehen wir in unserer monastischen Existenz, auf die sich ja all unser Wirken und Tun gründet. Im Lobpreis Gottes und im fürbittenden Gebet, besonders um die Einheit der Christen und den Frieden und die Verständigung der Völker im Nahen Osten, sehen wir unseren vornehmsten Auftrag.

Aus dem Grußwort von Abt Benedikt auf der Homepage der Abtei

Kontaktadressen

Dormition Abbey
Mount Zion
P.O.B. 22
91000 Jerusalem
Israel
Tel. +972-2-5655-330
Fax +972-2-5655-332
Homepage: www.dormitio.net
E-Mail: abtei@dormitio.net
für Zimmeranfragen: gastbruder@dormitio.net
Friedensakademie: academy.for.peace@dormitio.net

Priorat Tabgha
Benedictine Monastery of Tabgha
P.O.B. 52
14100 Tiberias
Israel
Tel. +972-4-6678100
Fax +972-4-6678101
E-Mail: monastery@tabgha.net
Alle Anfragen bezüglich Gastaufenthalten für Gruppen
und Einzelpersonen richten Sie bitte an die Begegnungsstätte:
Tel. +972-4-6678102
Fax +972-4-6678103
E-Mail: beit.noah@tabgha.net

Haus Jerusalem, Hildesheim
(Vertretung der Benediktinerabtei Dormitio, Jerusalem)
Lappenberg 12
31134 Hildesheim
Deutschland
E-Mail: haus.jerusalem@dormitio.net
Tel. 05121/69727-48
Fax 05121/69727-49

Theologisches Studienjahr
Dormition Abbey
P.O.B. 22
91000 Jerusalem
Israel
Tel. +972-2-5655-300
Fax +972-2-5655-337
www.studienjahr.de
E-Mail: studienjahr@dormitio.net

Spendenkonten für Projekte
Verein Abtei Dormitio Jerusalem
Abtei Dormitio Jerusalem e.V.
Sparkasse Hildesheim
BLZ 259 501 30
Konto Nr. 990 27 667

Stiftung Hagia Maria Sion und Friedensakademie Beit Benedikt
Bank für Kirche und Caritas Paderborn
BLZ 472 603 07
Konto Nr. 17 830 000

Kontaktadresse der Stiftung Hagia Maria Sion in Deutschland
Peter E. Geipel Stiftungen
Wilhelmstr. 12
D-65185 Wiesbaden
Tel. +49-611-360360
Fax +49-611-3603626

E-Mail: Peter.E.Geipel.Stiftungen@t-online.de

Bildnachweise